HAWAII
ハワイ行ったらこれ食べよう!

地元っ子、旅のリピーターに聞きました。

ハワイ島・カウアイ島 マウイ島

こにしなおこ［編］

誠文堂新光社

8つの島々と100を超す小さな島から成り立っているハワイ州。
日本人観光客が多く訪れるオアフ島以外のネイバーアイランドの中から、
世界的にも注目度の高い3つの島、
ハワイ島、カウアイ島、マウイ島の食を厳選しました。

オアフ島のような洗練された島というわけではないけれど、
ハワイのゆったりとした古きよき時代の雰囲気が感じられる町や人々、
そびえ立つ山々や渓谷、美しい川のせせらぎ、溶岩の風景も感動を呼びます。
そして、酪農や牧畜、農業、漁業なども盛んで、
それぞれの島には、特有の魅力が溢れんばかりに詰まっています。

そんなすばらしい自然と食材に恵まれた島々で、
ローカルの人たちが慣れ親しんできた食文化をはじめ、
現地に暮らす日本人や旅のリピーターたちが、
心からすすめたいという溺愛食を中心にご紹介しています。
見た目が地味で、素朴な味だったりするけれど、恋しくなるのは、
島の長閑な雰囲気や人々との語らいなども魅惑的だから……。

この本を通じて、もっと、島々の魅力を感じていただき、
ほんの少しでも、旅のお手伝いが出来れば幸いです。

こにし なおこ

目次

- 8 英語＆ハワイ語で見るメニューのコツ
- 10 分かると便利な単語集
- 12 指さしにどうぞ、メニュー一覧

14 地元っ子激オシ食べてみて！
ここのこれ！

- Manago Hotel Restaurantの「ポーク チョップ」
- 16 Tip Top Caféの「オックステール スープ」
- 18 Aunty Sandy's Banana Breadの「バナナ ブレッド」
- 19 Shrimp Stationの「ゴット ガーリック ＆ ココナッツ シュリンプ」
- 20 Punalu'u Bake Shopの「スイート ブレッド ＆ マラサダ」
- 22 T. Komoda Store and Bakeryの「スティック ドーナッツ」
- 24 Tasaka Guri Guri Shopの「グリグリ」
- 25 Shionoの「アバロニ」

26 朝ごはん

- 28 ハワイだけどフレンチな香り　「クレープ＆クロック マダム」
- 30 進化するパンケーキ　「スフレ パンケーキ」
- 32 贅沢な気分にさせてくれる一皿　「エッグ ベネディクト」
- 33 塩辛いけど深みのある味　「ポーチュギーズ ソーセージ」
- 34 シナモン香る、しっとり系　「フレンチ トースト」
- 35 迷うほど、バリエ豊富なオムレツ　「オムレツ」
- 36 大きくって、ふっくらもっちり　「パンケーキ」
- 38 出来立てグラノーラのお味は格別！　「グラノーラ」
- 40 コラム…スーパーで見つけた ハワイ・メイドみやげ、あれこれ。

44 主食系

- 46 エビ出汁の独特なクセが特徴の麺　「サイミン」
- 48 ハワイ島発祥のファストフード　「ロコ モコ」
- 50 ところ変われば、いなり寿司も変わる　「スパイシー アヒ ボム」
- 51 お手軽なスナック感覚フード　「スパム むすび」
- 52 海の幸が詰まったハワイ風丼もの　「ポケ ボウル」
- 53 平べったい米粉の麺炒め　「チャウファン」
- 54 海外で進化した日本の巻き寿司　「ロール スシ」
- 56 ハワイで愛される家庭の味　「オムレツ フライド ライス」
- 58 コラム…ハワイ島・カウアイ島・マウイ島ファーマーズ・マーケット探訪

62 伝統のもの

- 64 儀式を見ると、ありがたみ倍増　「カルア ポーク / ピッグ」
- 66 日本人が親しみやすい味　「ポケ」
- 68 さっぱり、サラダ系　「ロミロミサーモン」
- 69 伝統的なハワイの主食、どうぞ　「ポイ」
- 70 もっちり系の伝統スイーツ　「クロロ」
- 71 葉の中に旨味がギュッと詰まったもの　「ラウラウ」
- 72 コラム…ハワイの伝統的な祝宴〜Luau

76　人気もの、集めました

- 78　ガーリック効いた、ビールのアテ　「フィッシュ アンド チップス」
- 80　やっぱり、ステーキは必食　「リブ アイ ステーキ」
- 82　海を渡った、日本の味　「テリヤキ」
- 83　アヒの調理法、いろいろ　「フリカケ アヒ」
- 84　甘くて濃いけど、欲するもの　「BBQ ベイビー バック リブ」
- 85　チキンにも、フリカケ　「フリカケ チキン」
- 86　のびのび育ちのビーフを使ってます　「バーガー」
- 87　ロコが気軽に食べる軽食スタイル　「プレート ランチ」
- 88　噛みしめたときの肉汁がたまらない！　「スパイシー ガーリック チキン」
- 90　ああ、和みます〜、この味に　「チキンカツ」
- 92　コラム…世界に誇るハワイ産のラム酒
- 94　コラム…こちらで一杯、いかが？

96　あまいもの

- 98　衝撃的に感動したとっておきスイーツ　「マンゴー リリコイ パイ」
- 100　王道以外にも、注目！　「ショートブレッド」
- 102　ハワイの刺激と甘美をご一緒に　「チョコレート」
- 103　ファンも多い、マウイのパイ　「マウイ パイ」
- 104　懐かしいけど、新鮮なモチ菓子　「モチ」
- 105　ふんわり甘いハワイの揚げパン　「マラサダ」
- 106　ハワイっぽくて、おいしい焼き菓子　「クッキー」
- 107　食パンとハチミツの抜群コンビ　「ハニー トースト」
- 108　ロコ溺愛の甘酸っぱいもの　「リヒムイ」
- 109　王道系ドーナッツも、変化球いろいろ　「ドーナッツ」
- 110　かるくてあま〜い、愛されスイーツ　「クリームパフ」
- 112　コラム…ハワイ・メイドの調味料、いかが？
- 114　コラム…コーヒー、いろいろ。

116　冷たいもの

- 118　南国といえば、これ　「シェイブ アイス」
- 120　注目度の高い、話題のフルーツ　「ピタヤ ボウル」
- 121　迷った時には、このよくばりアイス盛りを　「バナナ スプリット」
- 122　ジェラートも、やっぱりハワイ風　「ジェラート」
- 123　みんな大好き、アイスキャンディー　「オノ ポップス」
- 124　サプリ感覚で、いただきます　「アサイ ボウル」
- 126　指さし英語
- 128　知っておきたいハワイ語
- 130　料理を掲載した店舗リスト・マップ
- 134　掲載店舗の詳細情報

［本書について］

※ ハワイでは、地元の人たちをロコやロコピープル、ロコガールという言い方をするため、本書でもそのよう倣っています。
※ 本文では編集者の旅の思い出を含んだ料理についてのコメントを、memoではその料理についての解説を掲載してあります。
※ 各ページに掲載している参考価格は2017年10月、2018年2月現在のものです。時期や店、地域によって変わります。
※ 料理の読み方は現地でポピュラーな発音にしてあります。
※ 一部の写真のメニュー名には、加えた具材等の名称、料理の形態や総称などの場合があるため、紹介している料理名とは多少異なる場合があります。

英語＆ハワイ語で見る メニューのコツ

基本の英語とハワイ語がわかっていれば、注文も簡単。このページの調理方法や味付け、料理の状態などを、お店のメニューと照らし合わせてみよう。食材名などを紹介しているP.10-11と組み合わせれば、料理のおおよそのイメージがつかめるはず。メニュー選びの参考にしよう。

調理方法

ロミロミ Lomi lomi
「ロミ」はハワイ語でマッサージという意味から、マッサージするように混ぜること。
Lomi lomi Salmon（ロミロミサーモン）

フリフリ Huli huli
「フリ」はハワイ語で、回転させるとか、ひっくり返すという意味。
Huli huli Chicken（フリフリチキン）

ソテー Saute
炒める。
Pork Saute（ポークソテー）

フライド Fried
揚げる、炒める。
Fried Potato（フライドポテト）

ボイル Boil
茹でる。
Boiled Egg（ゆで卵）

ベイク Bake
（オーブンや窯などで）焼く。
Baked Cheesecake（ベイクドチーズケーキ）

ロースト Roast
（オーブンや窯などでじっくりと）焼く。
Roast Beef（ローストビーフ）

グリル Grill
（網やグリルなどの強火で）焼く。
Grilled Fish（焼き魚）

ブロイル Broil
（直火で）焼く、あぶる。
Broiled Meat（あぶった肉）

シチュー Stew
煮込む。
Beef Stew（ビーフシチュー）

スティーム Steam
蒸す。
Steamed Bread（蒸しパン）

味付け

スイート Sweet
甘い。
Sweet Bread（スイートブレッド）

スパイシー Spicy
辛い。ピリッとする。
Spicy Chicken（スパイシーチキン）

サワー Sour
酸っぱい。
Sweet and Sour Pork（酢豚）

ビター Bitter
苦い。
Bitter Chocolate（苦いチョコレート）

ホット Hot
辛い、熱い。
Hot Water（湯）

料理の状態

スープ Soup
スープ、汁。
Vegetable Soup（野菜スープ）

ストリップ
Strip
細く切る、スライス。

Chicken Strips（チキンストリップ、チキンフィンガー）

シェイブ
Shave
削る。

Shaved Ice（かき氷）

スモーク
Smoke
燻製にする。

Smoked Salmon（スモークサーモン）

ビーガン
Vegan
完全菜食主義。

Vegan Food（ビーガンフード）

ベジタリアン
Vegetarian
菜食主義。

Vegetarian Food（ベジタリアンフード）

マッシュ
Mash
潰す。

Mashed Potatos（マッシュポテト）

スムージー
Smoothie
スムージー。

Mango Smoothie（マンゴースムージー）

アペタイザー
Appetizer
前菜。

モチコ
Mochiko
モチ米の粉。また、それを使って調理したもの。

Mochiko Chicken（モチコ・チキン、モチ粉をつけて揚げた鶏）

炭水化物系

ライス
Rice
ごはん。

Fried Rice（チャーハン）

ヌードル
Noodles
麺類。

サイミン
Saimin
ハワイ発祥の麺料理。サイミン。

ブレッド
Bread
（食パンなどの）パン。

Corn Bread（コーン・ブレッド）

バン
Bun
（甘い系の）パン。

Cream Bun（クリーム・バン）

チャウファン
Chow Fun
米粉の平麺。

ブラウン ライス
Brown Rice
玄米。

ほかにもいろいろ

ルアウ
Lū'au
（ハワイ式）宴。または、タロイモの葉と肉や魚などをココナッツで煮た料理。

プレート・ランチ
Plate Lunch
軽食。皿やランチボックスに数種の料理を盛りつけたもの。

トゥーゴー
To Go
テイクアウト。持ち帰り。

フォーヒアー
For Here
店内で飲食する。

トゥーゴーボックス
To Go Box
持ち帰り用ボックス。

ププ
Pupu
おつまみ、前菜。

ケイキ メニュー
Keiki Menu
子どもメニュー。

分かると便利な単語集

肉類

Chicken 鶏肉
Pork 豚肉
Beef 牛肉
Goose ガチョウ
Duck カモ
Mutton 羊肉
Lamb ラム、仔羊
Ham ハム
Minced Meat ひき肉
Sausage ソーセージ
Meat (牛や牛の) 肉
Poultry (鶏や鴨などの) 家禽

肉の部位

Shoulder 肩肉
Chuck-roll 肩ロース
Sirloin サーロイン
Tenderloin フィレ
Short Rib 骨付きカルビ
Plate / Flank バラ
Top Sirloin 上ロース
Round もも肉
Shank すね肉
Bottom Sirloin ロース
Brisket むね肉、肩バラ肉
Oxtail 尾
Tongue 牛タン
Spare Rib スペアリブ
Chicken Wing 鶏手羽

魚介類

Fish 魚
Salmon サケ
Bonito(Aku) カツオ (アク)
Sardine イワシ
Tuna(Ahi) マグロ (アヒ)
Mahimahi シイラ
Squid イカ
Opelu オペル (ムロアジ)
Clam ハマグリ
Abalone アワビ
Oyster カキ
Crab カニ
Ogo オゴ (海藻)
Shrimp エビ

野菜系

Tomato トマト
Cucumber キュウリ
Carrot ニンジン
Potato ジャガイモ
Sweet Potato サツマイモ
Taro(Kalo) タロイモ (カロ)
Lettuce レタス
Mushroom キノコ
Ginger ショウガ
Garlic ニンニク
Kale ケール

Eggplant
ナス

Green Onion
ネギ

Onion
タマネギ

Celery
セロリ

Cabbage
キャベツ

Pumpkin
カボチャ

Coriander
パクチー

Mint
ミント

Bean Sprout
モヤシ

Soybeans
大豆

Turnip
カブ

······ フルーツ系 ······

Pineapple
パイナップル

Mango
マンゴー

Watermelon
スイカ

Papaya
パパイヤ

Cranberry
クランベリー

Blueberry
ブルーベリー

Mangosteen
マンゴスチン

Passion Fruit(Lilikoi)
パッションフルーツ（リリコイ）

Rambutan
ランブータン

Pear
洋ナシ

Grape
ブドウ

Banana
バナナ

Breadfruit(Ulu)
パンノキ（ウル）

Dragon Fruit(Pitaya)
ドラゴンフルーツ（ピタヤ）

······ 卵・乳製品 ······

Sunny Side Up
目玉焼き（黄身はやわらかめ）

Fried Egg
目玉焼き

Poached Egg
ポーチドエッグ

Scrambled Eggs
スクランブルエッグ

Boiled Egg
ゆで卵

Hard-Boiled Egg
固ゆで卵

Omelette
オムレツ

Cheese
チーズ

Cream Cheese
クリームチーズ

Cottage Cheese
カッテージチーズ

Cheddar Cheese
チェダーチーズ

Fresh Cream
生クリーム

Custard Cream
カスタードクリーム

Whipped Cream
ホイップクリーム

······ スイーツ系 ······

Haupia
ハウピア（ハワイ風プリン）

Mochi
モチ

Pudding
プリン

Coco Puff
シュークリーム（一部店舗で）

Cream Puff
シュークリーム

Malasada
マラサダ（揚げパン）

Shaved Ice
かき氷

Cookie
クッキー

Snack
スナック

Honey
ハチミツ

Buttermilk
バターミルク

Vanilla
バニラ

Pancake
パンケーキ

Muffin
マフィン

Scone
スコーン

······ その他 ······

Manapua
マナプア、肉まん

Spam
スパム

指さしにどうぞ、メニュー一覧

本書に掲載した主な料理を系統ごとに分類。
注文時に指さしで使っても、何系を食べるか迷った時の参考にも。

魚介系 Fish

opelu
P.14

Coconut Shrimp
P.19

Got Garlic
P.19

Abalone
P.25

Poke Bowl
P.52

Poke
P.66

Lomilomi Salmon
P.68

Fish & Chips
P.78

Furikake Ahi
P.83

あまい系 Sweets

Stick Donut
P.22

Guri Guri
P.24

Kulolo
P.70

Mango Lilikoi Pie
P.98

Shortbread
P.100

Chocolate
P.102

Maui Pie
P.103

Mochi
P.104

Malasada
P.105

Cookies
P.106

Honey Toast
P.107

Li Hing Mui
P.108

Donut
P.109

Cream Puff
P.110

Shave Ice
P.118

Halo Halo
P.118

Pitaya Bowl
P.120

Banana Split
P.121

Gelato
P.122

Ono Pops
P.123

Acai Bowl
P.124

地元っ子激オシ 食べてみて！ここのこれ！

ハワイに暮らす人たちやリピーターが愛する料理やスイーツは千差万別。そのなかでも、特に多くの人たちが、「また、食べたくなる味！」と絶賛するお店の「これ」を厳選してご紹介。

　ハワイ島にある「マナゴホテル」。1917年創業の歴史あるホテルとして訪れたことはあったが、レストランとしていくのは初めて。聞けば、ロコ激オシのレシピがあるという。

　ホテルのフロントを抜け、小さな扉を開くと、意外に大きなダイニングスペースが広がる。重厚な木製腰壁にシーリングファンという空間には、レトロなテーブルと椅子が並ぶ。海を望む奥のほうの席に座り、一番人気のポーク・チョップとオペル（ムロアジ）をオーダー。次々とおかずが運ばれてくるが、昼と夜のメニューには、3種類のおかずとごはんがついてくる。

　塩とコショウでシンプルに味付けされたポーク・チョップ。お好みでグレービーソースで味わうこともできるが、しっかりと塩味がきいて、ジューシーなプレーンがおすすめ。塩コショウして揚げたオペルは、レモンでさっぱりといただく。郷愁を感じさせる場で、刻まれてきた100年の時に想いを馳せた。

左／店内に入ると時間が止まったかのようなダイニングルームが待っている。　右上／ロコたちは、オペルに自家製ハワイアン・チリ・ウォーターと醤油、レモンなどをかける。　中下／忙しくても笑顔で接してくれる親切なスタッフたち。　右下／日系人が営むホテル＆レストラン。ディナー時は特に混雑する。　右頁／1日に100皿以上のオーダーがあるポーク・チョップ。

塩分濃いめなのに、
不思議と恋しい魅惑のスープ。

Tip Top Caféの
『Oxtail Soup』

data

- Oxtail Soup + Ginger（$13.50〜＋75¢）
- 住所：3173 Akahi St. Lihue　電話：245-2333
- 営業時間：6:30〜13:45　月曜休

私がいまさらながらにハマっているものが、ハワイ版オックステール・スープ。一度、味わったら、またこの味を求めてしまう魅惑的なもの。

　カウアイ島にある100年以上も続く老舗店のスープは、雄牛の尾と野菜、スパイスなどを、3日間かけて、じっくりと煮込んでいる。まずは、この手間暇かけて生み出されたスープをひと口。塩味とスパイスのパンチが効いている。次にお肉を味わう。柔らかく煮込まれているため、肉がほろりと簡単に骨から剥がれ、味もしっかりと染み込んでいる。スープもお肉も評判通り。さらに、ショウガやパクチーを加えると、味の変化を楽しめて、また、食べ続けてしまう。ローカルが朝ごはんを求め、足繁く通うお店だけあって、ボリューム、味、プライスのバランスもちょうどいい。

　スープと一緒にオーダーしたいのは、こちらのお店の名物的評判を誇るパンケーキ。生地が軽くて、薄い素朴な一品。これを食べるときに、ホームメイドで秘伝のレシピで作られているというグアバとパイナップルジェリーをつけるのがロコ流。また、自家製のビーフパテにグレービーソースをたっぷりとかけたロコモコも大人気。ここを訪れると、ローカルに親しまれてきた多様な味に出合える。

左／おじいさんのレシピを受け継いだパンケーキ。Our famous Pancakes（＄6.50）　右上／ローカルはライスをフライドライスにすることが多い。Loco Moco（＄9.75）、With Fried Rice（＄11.50）。　中下／1916年にベーカリー＆レストランとしてオープンして、現オーナーで4代目。　右下／モーテルも併設しているレストラン。朝からローカルの人たちを中心に席が埋まる。　左頁：オックステール・スープは深みを感じさせる濃いめの味わい。

data

● Banana Bread（＄6／1ロール）
●住所：210 Keanae Rd. Haiku　電話：248-7448
営業時間：9:00 ～ 14:30（売り切れ次第閉店）　祝祭日休み

MAP ▶ P.142　I 58

遠路遥々、来た甲斐が！
厳選素材で感動の1品

Aunty Sandy's Banana Breadの
『Banana Bread』
（アンティ　サンディーズ　バナナ　ブレッド）
（バナナ　ブレッド）

左上／サンディーさん（左）と娘のタミーさん。　左下／シェイブアイスも販売。　右／お昼時に売り切れることも。

　道のりは果てしなく遠い。ビューポイントが点在しているので、途中で海や滝などの風景を眺めながら、緑が生い茂る起伏に富んだ山道を、ひたすら進んでいく。ようやく、大きな看板が見えた瞬間の嬉しいこと。

　なぜ、このような場所にお店を構えているのか。オーナーのサンディーさんいわく、「ハナ・ハイウェイには多くの人が訪れるけど、お店がなくて、お腹を空かせていたの。だから、休憩もできて、おいしいものを食べられる場所を提供したいと思って」とのこと。なるほど、納得。1日に150〜250ロールも売り上げているというバナナ・ブレッドは、まわりがしっかりとした焼き上がりで、内側はしっとり。それでいて、甘いバナナの風味豊か。卵もショートニングも使わない。甘さと酸味のバランスを考え、バナナはブルー・フィールド、ウィリアム、アップルバナナの3種類をブレンド。いろいろと試作した結果、今の味に辿り着いたという。

豊富なバリエで エビ好きも満足！
Shrimp Station の
『Got Garlic ＆ Coconut Shrimp』

data
● Got Garlic（$12.95）、Coconut Shrimp（$12.95）
● 住所：4-985 Kuhio Hwy. Kapaa　電話：821-0192　営業時間：11:00～20:30　祝祭日休み

MAP ▶ P.138　B 31

左上／クリーミーなゴット・ガーリック。　左下／カウンターで注文。　右／あつあつのココナッツ・シュリンプ。

　エビ料理といえば、カウアイ島にあるこちらのお店、「シュリンプ・ステーション」が真っ先に思い浮かぶ。キャプテン・クックがハワイに初上陸した地としても有名なワイメアに本店があり、ローカルや観光客が押し寄せる人気店だ。『ベスト・スペシャリティ・シュリンプ』を受賞している実力派でもある。

　ガーリックと白ワインの芳醇な香りのソースが特徴の「ゴット・ガーリック」がローカルのイチオシ。エビを殻ごと炒めることによって、旨味がソースに染み出している。ライスとの組み合わせも抜群。また、ココナッツフレークの衣をつけて揚げた「ココナッツ・シュリンプ」も忘れてはいけない。ホームメイドのパパイヤジンジャーのタルタルソースをディップすれば、ココナッツの甘みを感じながらも、酸味と辛味が複雑に絡み合う。ほかにも、ケイジャンやスイート・チリ・ガーリックなどもある。カパアにある支店は、イートインコーナーもある。

超定番だからこそ、出来立てを食べたい！
Punalu'u Bake Shop の
『Sweet Bread & Malasada』

data
● Sweet Bread ($4.19〜)、Malasada ($1.19〜)
● 住所：HI-11, Naalehu　電話：366-3501　営業時間：9:00〜17:00　祝祭日休み
MAP ▶ P.135 G 9

コナ方面から南ルートでボルケーノへ向かうというロングドライブの途中に、必ず立ち寄るのが「プナルウ・ベイク・ショップ」というお店。ナアレフという町にあり、ハワイ島最南端のベーカリーとしても有名。ここで手に入れるのが、スイート・ブレッドとマラサダ。

　ハワイの日常パンであるスイート・ブレッドは、スーパーなどでも見かけるが、やっぱり、工場併設店の出来立てを味わいたい。グアバやタロイモなど全8種類があるなかで、ローカルにはトラディショナル（プレーン）が一番人気とのこと。そのままでもふんわり柔らかくて、優しい甘さでおいしいけれど、フレンチ・トーストやサンドイッチにもおすすめ。

　それから、マラサダ。タロやマンゴーなどのフレーバー生地、ハウピアやグアバなどのクリームやジャムのフィリング入り、さらに、リリコイなどのグレーズがかけられているタイプなど、15種類もある。マラサダの生地は、もちふわで、ほどよい甘さ。とはいえ、フィリングやグレーズはとっても甘い。甘いながらもどれも軽く食べられてしまう。そして、その中でも甘酸っぱくて、爽やかなリリコイグレーズのマラサダが、私のお気に入り。これを食べると、長旅の疲れも癒される気がする。

左／マラサダは1日に1000個ほど売れているというだけあり、種類によってはお昼時には店頭からなくなっている。　右上／駐車場も広々としていて、大型観光バスも立ち寄る有名店。　中下／スイート・ブレッドは1ローフ（切っていない状態のもの）で大きい場合は、ハーフローフもある。　右下／パンやドリンク販売のほか、おみやげ品も扱っている。　左頁：グアバ、マンゴー、タロなどのミックスフレーバーのKalakoa Sweet Bread。

他島からも買いに来る
小さな町の超有名菓子

T. Komoda Store and Bakery の
『Stick Donut』

data

● Stick Donut（$1.50）、Malasada（$1.00～）、Long John（$1.75）
● 住所：3674 Baldwin Ave., Makawao　電話：572-7261　営業時間：7:00～16:00、土曜～14:00　水・日曜、祝祭日休み

MAP ▶ P.142

マカワオは、パニオロ（ハワイアン・カウボーイ）の町として知られる小さなオールド・タウン。この町にある1916年創業のファミリー経営のベーカリーには、客足が途絶えることがないという。この店には人気アイテムがあって、手みやげとしてまとめ買いに来る人や事前予約をして他島から訪れる人もいる。それが、スティック・ドーナッツとマラサダ・スティックだ。
　スティック・ドーナッツは、グレーズがかけられたミニサイズのドーナッツを5つほど串刺しにしたもの。グレーズが染み込んだ生地はしっとりしていて甘い。一方のマラサダ・スティックは、軽くてふんわりとした生地に、シナモンシュガーであっさりとした甘さ。ちなみに、ローカルにはクリーム入りのロング・ジョンも好評という。
　創業以来、ずっと、機械を使わず、すべて手作業で作り上げるというこだわり。ここのドーナッツを味わうと、どこか懐かしい気分にしてくれる。

上／100年以上も続く、老舗ベーカリー。　左下／創業者のお孫さん夫妻をはじめ、一族でお店を守っている。　中下／マラサダ・スティックはとても軽くて、あっさりとした味。　右下／バニラ・カスタードクリームが詰まったドーナッツ、ロング・ジョン。　左頁／大量に作られるスティック・ドーナッツ。ほかにも、スプリンクル・ドーナッツ（ネジリ・ドーナッツ）も人気。

不思議な名前の
未感覚ひんやりスイーツ
Tasaka Guri Guri Shop の『Guri Guri』
タサカ　　　グリ　　グリ　ショップ
　　　　　　　　　　　　　グリ　グリ

data
● Guri Guri（＄1.30／2スクープ）
● 住　所：Maui Mall, 70 E Kaahumanu Ave # C13., Kahului　電話：871-4513　営業時間：9:00 ～ 18:00、土曜 9:00 ～ 17:00、日曜 10:00 ～ 16:00、祝祭日休み
MAP ▶ P.141　D 52
Maui Island

左上／秘伝のレシピは100年以上、家族内で受け継がれる。　左下／ピンクの外観が目印。　右／十分な食べ応え。

　口の中でシュクッという感じに溶けていく。フルーツ果汁と練乳などを使って、シャーベットとアイスクリームをかけ合せたような感覚の「グリグリ」。知っているような、懐かしいような味で、甘いけれど、口どけも早く、爽やかな風味が口の中に余韻を残す。
　このお店でしか味わえないマウイ島の名物でもある。フレーバーも、パイナップルとストロベリーの2種類しかない。そして、小さなショップにもかかわらず、次々とローカルが訪れては、これを注文していく。なかには、同僚たちの分までまとめ買いをしていく人までいて、ちょっとした休憩に食べたくなるひんやりおやつ。甘くて、スッキリとした味わいがリフレッシュさせてくれるのだろう。
　この冷たいデザートは、19世紀初頭に日系移民のタサカ氏が生み出したもので、「Goodie, Goodie」を日本人が発音するのはわかりづらく、「グリグリ」にしたのではないかと、お店の方が教えてくれた。

ハワイ島で食べておきたい
近海産の新鮮魚介類

Shiono の
『Abalone』
シオノ
アバロニ

> data
> ● Abalone／アワビのステーキ（＄12）、Sashimi／ハワイ島産海の幸盛り合わせ（＄40～）
> ● 住　所：68-1050 Makaiwa Pl.,Waimea　電話：881-1111　営業時間：11:30～21:00（L.O20:30）　無休
> MAP ▶ P.137　R 24

左上／アワビ、マグロ、カンパチ、クエなどの刺身。　左下／マウナ・ラニ・リゾートの店舗。　右／アワビのステーキ。

　お寿司や刺身を「わざわざ、ハワイで食べなくても」と反応する人も多い。が、ハワイ島近海で獲れた新鮮な魚介類を使ったものという概念から、これらは立派なローカルグルメだと思う。それに、近海産のアヒ（マグロ）や海洋深層水で養殖しているアバロニ（アワビ）を味わえば、納得するに違いない。鮮度や旨味に感動すら覚える。日本の名店でも、このアワビを出しているというが、やはり、育った土地で、新鮮な状態で味わいたい。

　ハワイ島近海産の魚介類のお寿司や刺身など、厳選素材を使った日本料理が味わえるシオノ。おすすめのアワビのステーキは、バターとニンニクの香り豊かな一品。刺身はコリコリとしたアワビ独特の食感で、一切の臭みは感じられない。養殖をしているビッグ・アイランド・アバロニでも、活きアワビや缶詰が手に入る。滞在型ステイならばそれでもよいが、新鮮なうちに現地で食べるには、こちらのレストランがおすすめだ。

朝ごはん

ハワイには朝ごはん専門店とも言えるような午前中だけオープンするお店がある。それだけ朝の食事のひと時をローカルの人たちは大切に思っているのだ。種類もボリュームも満足するハワイ流の朝ごはんを味わおう。

クレープ＆クロック マダム
Crepe & Croque Madame
ハワイだけどフレンチな香り

　フレンチの3つ星レストランのシェフだったご主人と語学教師だった奥様が営むフレンチカフェ。夫妻はバケーションで訪れたハワイを気に入り、各島を巡り、そのなから選んだハワイ島でお店を開いた。フランス流のゆったりとした雰囲気を味わってもらいたいと、店内はフランスの本や映画などで演出している。

　朝食とランチのみの営業のため、クレープやガレット、クロック・ムッシュ、オムレツなど、軽く味わえるものが多め。おすすめのフレンチ・カリビアンは、南国風クレープでローカル産バナナやココナッツを使用し、クレープ生地はほどよい厚み。甘いクリームとキャラメルやココナッツ、バナナの食感の違いが楽しい。見た目の美しさもすばらしく、フレンチコースのデザートとしても成り立つような一皿。

　人気のクロック・マダムは、口いっぱいにバターとチーズの香りが広がるハムサンドイッチの上に、目玉焼きのとろける黄身がアクセント。

現地の人はこう食べる。

★クレープ・サレやクロック・ムッシュ、クロック・マダムは朝食に人気。
★食事と共にコーヒーを飲む。

左／コナ・コーヒーのアイスが入ったデザート系クレープ。French Caribbean（＄11.95）　中／ハワイに魅了され、フランスから移住してきたオーナー夫妻。　右／コナの繁華街にありながら、通りから一歩入っただけで、途端に静かになる。

— memo —

ハワイで「クレープ」というと、イベントやファーマーズ・マーケットでの定番。クレープはフランスのブルゴーニュ地方のそば粉で作ったガレットから派生。ちなみに、甘い系のクレープを「クレープ・シュクレ」、チーズやハムなどを入れた甘くない系のクレープを「クレープ・サレ」という。

「クロック・ムッシュ」は、ハムとチーズを挟んだパンを、バターで焼き、ホワイトソースなどと一緒に味わうスタイル。「クロック・マダム」は、その上に、目玉焼きをのせたものをいう。

参考価格：Croque Madame　$10.99。
MAP ▶ P.136 Ⓜ 16 Frenchman's Café

29

スフレ パンケーキ
Soufflé Pancake

進化するパンケーキ

　巷ではすっかり市民権を得ているスフレ・パンケーキ。通常のパンケーキより口当たりが軽いのでボリュームがあっても、ついつい食べられる不思議な一皿。このスフレタイプのパンケーキに初めて出合ったのは、カウアイ島のレストラン「レッド・ソルト」。このお店の朝食のシグニチャーメニュー（代表的な料理）と勧められたのがきっかけだ。それからこの島を訪れるたび、たとえ宿泊先が別のエリアでも、一度は足を運んでしまう。シェフが変わり、見た目も味も変化しているけれど、それでも、このお店の雰囲気とプレゼンテーションの高さは感動もの。

　スフレ・パンケーキは白身を泡立て、メレンゲ状になったものをオーブンで焼き、バニラビーンズやバターで味付けしたパイナップルと自家製キャンディーレモンをトッピング。オレンジやバターの香りもして、口に入れるたびに、新鮮な味が飛び込んでくる。レモンやパイナップルの酸味もほどよいアクセントに。

現地の人はこう食べる。

★ココナッツシロップやメープルシロップをかける。
★ほかのメニューと一緒に頼んで、数人でシェア。

左／ココナッツシロップやメープルシロップもオーダーできるが、まずはつけずに味わいたい。　中／カウアイ島出身のシェフ。スターシェフ、ジョセリンのレストランやロブションなどで経験を積んだ。　右／コア・ケア・ホテル＆リゾート内にあるダイニング。

---

memo

自分で作ると手間も時間もかかるスフレ・パンケーキ。「スフレ」とはフランス流のメレンゲを使った料理で、口の中に入れた途端にクシュッと消えてしまうような食感が特徴。スフレ・パンケーキの作り方は店によって異なるけれど、「卵白に砂糖を加えながら泡立ててメレンゲを作り、小麦粉とベーキングパウダーを卵黄に混ぜた中にそれを加えて、オーブンで焼く」というものが多い。

Kauai Island

参考価格：Lemon-Pineapple Soufflé Pancakes　＄22。
MAP ▶ P.140　(F) 41　Red Salt

31

エッグ ベネディクト
Egg Benedict

贅沢な気分にさせてくれる一皿

コナ・ロブスター・ベネディクトはイングリッシュ・マフィンの上に、ハワイ島産のアボカドとトマト、ロブスター、ポーチドエッグを盛り、隠し味にマンゴーピュレを入れた特製オランデーズソースがかかっている。レモンの爽やかさと濃厚な卵とバターの風味、そして、新鮮なロブスターが主張してくる、なんとも贅沢なお味。

現地の人はこう食べる。

★朝食の定番、カフェやレストランにも登場。
★ポーチドエッグを潰して食べる。

参考価格：Kona Lobster Benedict ＄24。
MAP ▶ P.140　F 41　Red Salt

--- memo ---
イングリッシュ・マフィンの上に、スモークサーモンやベーコン、ポーチドエッグをのせ、オランデーズソースをかけたものが一般的。オランデーズソースは、卵黄、バター、レモンなどで作られるフランスの代表的なソース。

左／ローカル食材を使ったアイランド・スタイルの料理を味わえるレストラン。
右／隠れ家のようなコア・ケア・ホテル＆リゾート内にあり、窓際席からは海を望める。

Portuguese Sausage

ポーチュギーズ・ソーセージ

塩辛いけど深みのある味

参考価格：Portuguese Sausage　$5.85。
MAP ▶ P.141　C 50　Tasty Crust Restaurant

　ハワイの食卓ではお馴染みのメニューを、ローカルの朝食処として評判のお店で注文。付け合わせにはスクランブルエッグとフライド・ライスを選ぶ。店員さんも「ザ・ハワイの朝ごはんね」と笑顔だ。この塩辛くて油っぽいけど、深みを感じるソーセージは醤油ベースのフライド・ライスとの相性も抜群。

現地の人はこう食べる。

★朝食の一品としてスライスして焼いて食べる。
★オムレツやフライド・ライス、スープの具材に。

しっとり、もっちり系でバナナの香り豊かなパンケーキ。Mini Banana Pancake（$2.50）

― memo ―
リングイッサ（リングィーサ）というポルトガルの伝統的なソーセージが元にある。ホットスパイスやガーリック、塩などで味付けした豚肉の燻製ソーセージで、ポルトガル系移民も多いハワイの食文化に浸透した。メイド・イン・ハワイのものもある。

33

フレンチ トースト
French Toast

シナモン香る、しっとり系

パンの種類を選べ、ストロベリーやメイプル、ココナッツ・シロップなどでカスタマイズできるというこちらのフレンチ・トースト。ローカルにならって、甘くて柔らかなスイート・ブレッドを選択。シナモンとナツメグの風味と甘酸っぱいストロベリー、ココナッツ・シロップの南国テイストが加わって、ハワイを感じさせる味。

現地の人はこう食べる。

★朝食メニューの定番。
★自家製ココナッツ・シロップをかけるのが人気。

参考価格：French Toast ＄8.95～。
MAP ▶ P.138　Ⓐ 30　Ono Family Restaurant

--- memo ---
ハワイのフレンチ・トーストは、ポルトガル系のパオ・ドセが原型といわれるハワイアン・スイート・ブレッドを使用することが多い。ほんのりと甘いパンで、ハワイの食卓では欠かせないもの。

左／マカダミアナッツとココナッツ、バナナがトッピング。Tropical Pancake（＄11.95）　右／ノスタルジックな雰囲気を醸し出す店内。

Omelets
オムレツ

迷うほど、バリエ豊富なオムレツ

参考価格：Manhattan Beach Omelets　$11.95。
MAP ▶ P.138　Ⓐ ㉚ Ono Family Restaurant

　ローカル御用達のこちらのお店では、16種類のオムレツが用意され、さらに全粒粉パンやマフィン、ブラウンライス、フライド・ライスなど「お供」にも選択肢がある。オーナーのおすすめは、マンハッタン・ビーチ・オムレツ。ベーコン、グリーン・チリ、ジャック・チーズ、アボカドなどをオムレツに包み込み、サルサやサワークリームと味わう。

現地の人はこう食べる。

★フライド・ライスとの組み合わせが人気。
★1人前に卵を2〜3つ以上使う。

ローカルの人たちのファミレス的な存在のお店。

---
memo

ハワイの超定番朝食メニュー。自分でチーズ、野菜、具材などをセレクトできる「Build Your Own」スタイルが浸透。お店によっては、卵の数、チーズの種類なども選択肢にある。付け合わせは、フライド・ライス、トースト、フライド・ポテトなど。

パンケーキ
Pancake

大きくって、ふっくらもっちり

　ワイメアに本店を構える「ハワイアンスタイルカフェ」は、行列が出来る人気店。訪れた時は朝食時間が終わりに近いにも関わらず多くの人で賑わう。入口近くのカウンター席の人たちも、ゆったり満足気に食事を楽しむ。店の奥へ通され、ローカルファミリーの隣に座る。その瞬間、彼らがオーダーしていたパンケーキを、思わず２度見。大皿にのった２枚のパンケーキは皿からはみ出さんばかり。これが全米の『ベスト・パンケーキ』にも選ばれたとい

う直径が 30㎝近くもある、超ビッグサイズの名物パンケーキなのか。

　とても食べきれるようなサイズではないと思いながらも注文。しばしの待ち時間のあと、現れた瞬間の甘い香りときたら！　食欲が一気にそそられるではないか。バターがじんわり溶けて、ふっくらとした生地に染み込んでいく。柔らかくもちもち。甘さも控えめ。とはいえ、お隣のパパでさえ食べきれずに、お持ち帰り。私も素直にボックスをもらおう。

現地の人はこう食べる。

★メープルやココナッツソースをたっぷりつける。
★何人かでシェアして食べる。

左／ヒロにある Kens House of Pancakes のクリーム＆フルーツソースたっぷりのパンケーキ。
MAP ▶P.134

中／オーナーファミリーがお店を切り盛り。パンケーキのサイズにビックリ！　右／ローカルが大好きなフライド・ライス。

--- memo ---

ハワイでは朝食メニューの必須アイテム。酸味のあるバターミルクを使ったものやスフレタイプのもの、生地にフレッシュフルーツやマカダミアナッツのクラッシュを混ぜ込んで焼いたものなど、いろいろなタイプが存在する。スーパーでも購入できるパンケーキミックスは、プレーンやフルーツフレーバーのほか、ハワイの伝統食であるポイ（タロイモ）を使ったものなどがあって、ハワイみやげにも人気。

参考価格：Pancake　$6.95〜。
MAP ▶ P.137　(S) 25　Hawaiian Style Café

グラノーラ
Granola

出来立てグラノーラのお味は格別！

　グラノーラのおいしさを知ったのは、こちらのお店「カウアイ・グラノーラ」で出合った出来立てグラノーラを味わってからかもしれない。それまでも「自然派食品で健康によいもの」という程度の認識で、口にすることはあった。でも、ここのハワイ産ドライフルーツやマカダミアナッツなどを使ったグラノーラは、パパイヤやマンゴー、パイナップルなどのフルーツや香ばしいナッツの味がしっかりと主張し、素材の味をたっぷり噛みしめている感じだ。

　数年前にオーナーチェンジがあったが、変わらぬレシピで小さなワイメアの町で手作りされている。ピニャコラーダやハワイアンゼストなどのハワイらしいフレーバーがあり、基本は穀類をキャノーラ油と混ぜ、オーブンで焼き上げ、それぞれオレンジピール、パイナップル、パパイヤ、グアバ、レーズンなどのフルーツ類をミックス。ちなみにこちらのお店のクッキーもおみやげに人気。

現地の人はこう食べる。
★ヘルシー志向やヴィーガンの人たちにも人気。
★朝食として食べる。

左／オリジナルパッケージに入っているので、おみやげにもおすすめ。　中／カウアイの食材を使ったグラノーラは、オーナーファミリーのイチオシ。　左／カウアイ島のワイメアにあるグラノーラの専門店。

--- memo ---

グラノーラは、シリアル（穀類をフレーク状やパフ状にした食品）の一種で、オーツや麦、トウモロコシやナッツ類などを食物油に絡めて、シロップやドライフルーツなどを加えて、オーブンで焼いたものが一般的。その間、何度もバラバラになるようにミックスする。ハワイのスーパーには、大きな箱や袋に入っているタイプも販売しているが、それとは別途で、量り売りコーナーが設置されていることが多く、好みの素材を自由に選ぶことができるのが魅力。

参考価格：Granola　$ 5.99 〜。
MAP ▶ P.140　ⓘ 46　Kauai Granola

> ちょこっと休憩

スーパーで見つけたハワイ・メイドみやげ、あれこれ。

　ローカルの人たちが、日常的に利用しているスーパーは、実はハワイ・メイドの宝庫。それぞれの島で収穫された新鮮な野菜や果物、畜産物や魚介類などの生鮮食品はもちろんのこと、ビールやワイン、ジャム、ハチミツ、チョコレート、シーソルトなどなど、たくさんの種類のローカルブランドアイテムが並んでいる。

　きっと、おみやげにもよさそうなものが見つかるはず。ぜひとも、それぞれの島で人気のスーパーを訪れて、ハワイ・メイドを手に入れよう。なお、多くのスーパーでは、「ローカル産」とか「○○島産」という表示があるので、わかりやすいだろう。

　それから、おみやげだけではなく、ローカル産の食材を使ったデリやフードがあるので、こちらもチェックしておきたい。

各島のおすすめはこれ！

The Island of Hawai'i

左／スーパーでは、ハワイ島以外の島々の名品も販売。マウイ島のワイナリーのアップカントリー・ゴールド。　右上／ローカルスーパーならば、コナ・ブリューイング・カンパニーやビッグ・アイランド・ブリューハウスなど、ハワイ島を代表する地ビールの品揃えも豊富。　右下／ホノカアにあるアフアロア・ファームのマカダミアナッツのパンケーキミックス。

Kauai Island

左／2010年創業のモンキーポッド・ジャムは、カウアイ島のフルーツを使った約50種類ものジャムやジェリー、マーマレードなどを製造。　中上／モロカイ島の海水をろ過して、太陽と熱帯の風によって水分を蒸発させて精製されたパシフィカ・ハワイのグルメ・ソルト。　中下／クラナ・ココレカ・ファームのカウアイ島産カカオを使用したチョコレート。　右上／100％ハワイ産＆ハンドカットにこだわったアンクル・ミッキーのココナッツ・キャンディー。　右下／マカダミアナッツやアーモンドなどをトフィー＆バタースコッチした甘くて、カリカリの食感が後をひくカウアイ・ナッツ・ロースターのマカダミア・ミックス。

Maui Island

左／濃厚な甘みが特徴的なマウイ・ゴールド・パイナップルも、スーパーで手軽に手に入る。　中左／マウイ島産のパイナップルと天然水で蒸留されたパウ・マウイ・ウォッカ。　中右／マウイ島のキヘイにブリュワリーを持つマウイ・ブリューイングの缶ビール。　右／マウイ・ゴールド・パイナップルで作られているスパークリング・ワインのフラ・オ・マウイ。

このスーパーをチェック！

The Island of Hawai'i

ハワイ島の推しスーパー
Island Naturals Market
MAP ▶ P.136 O 20

ハワイ島で作られているコーヒーやチョコレート、ハーブティー、ジャム、ハチミツなどの特産品がまとめられる。

デリコーナーのお好みのものを選べるホット・バー＆サラダ・バー。$8.99／lb.

Kauai Island

カウアイ島の推しスーパー
Living Foods Market
MAP ▶ P.140 F 42

ドレッシングなどの調味料も品揃え豊富。

おしゃれにディスプレイされているローカル産のフルーツ。

Maui Island

マウイ島の推しスーパー
Whole Foods Market
MAP ▶ P.141 D 53

フルーツや野菜なども、量り売りで購入。

マウイ島近海産の魚介類を使ったポケコーナー。

主食系

プランテーション時代よりアジアなどからの移民が多く暮らすハワイ。そのため、お米や麺類の文化が浸透し、どこか郷愁を誘うような料理と出合う。さまざまな国や地域の文化が混ざり、エビ出汁のサイミンやスパムむすび、ロコモコやロール寿司なども誕生。

Saimin
サイミン

エビ出汁の独特なクセが特徴の麺

　サイミンは一言でいえば、ハワイ風のラーメン。そのお味はというと、エビの出汁が効いたクセのある独特なスープが特徴。そのお店が使用しているものが「干しエビ」か「生エビ」かによって運命が分かれる。生エビは「エビ臭」がかなり強く、ちょっと無理な人もいるかもしれない。現在では専門店はかなり少ないが、ローカルフードを扱うお店では、大抵見かける比較的メジャーなメニューだ。

　カウアイ島には、サイミンを看板に掲げる老舗のお店がある。ローカルの人々に愛されるこちらのスペシャル・サイミンは、エビとポークを数時間煮込んで作った特製スープに、チャーシュー、キャベツ、卵、ネギ、なるとが入っている。無論、エビの香りはするのだが、口に入れると、濃いめの味ながら、くどさがなく、コクと旨味、そして味の深みがある。少し醤油を垂らすと、エビの風味が馴染む。オイスターソースや醤油などを使った汁気のないフライド・ヌードルも人気。

現地の人はこう食べる。

★小皿にマスタードや醤油を入れ、麺をつけて食べる。
★ハワイアン・チリ・ビネガーをつけることもある。
★付け合わせには、BBQスティックが人気。

左上／メレンゲでスフレ状に仕上げたリリコイのパイ。Lilikoi Chiffon Pie（＄3.51～）　右上／ハムやネギ、なるとなどの具材と麺を炒めた麺料理。Fried Noodles（＄6.50）　左下／醤油やショウガ、ガーリック、ミリンなどで漬け込んで焼き上げる。BBQ Beef Sticks（＄2.50）

---

memo

ハワイで一般的に親しまれている麺料理のサイミン。中華系の移民たちが伝えた麺が、日本や他の国や地域からの移民たちの食文化により、変化・進化してきたものといわれる。特に、プランテーション時代には、手軽に食べられると広く普及した。カツオ節や昆布を用いたり、豚肉と煮込んだりしてクセをまろやかにすることもある。基本的にはエビ出汁のため、さっぱりとしたスープ。使用する麺は、コシは少なく太めのものを利用することが多い。

参考価格：Saimin　$6.75〜。
MAP ▶ P.138 Ⓒ ㉞ Hamura's Saimin

47

ロコ モコ
Loco Moco

ハワイ島発祥のファストフード

　ごはんの上にハンバーグと目玉焼きをのせグレービーソースをかけたロコモコは、日本でもすっかりハワイのローカルグルメとして馴染み深い。

　その発祥の地といわれるヒロの有名店「カフェ100」は、創業1946年の老舗。ここが発祥のお店ではないのだが、1950年代には「ロコモコ」のスタイルが出来上がっていて、その当時からローカルに大人気だったという。今まで何度か足を運んだお店だが、いつ訪れても、変わらず多くのローカルたちで賑わっている。

　こちらのロコモコは、ビーフ100％の自家製パテが肉の旨味を感じさせるしっかりとした噛み心地で、ブラウングレイビーソースや卵の黄身具合も抜群。1ヵ月に9000食も売り上げているというのも納得だ。ちなみにハンバーグ（パテ）のほか、フィッシュ、ソーセージ、チキン、ベジタリアンなど、20種類ものロコモコがあり、オーナーいわく「ごはん、おかず、卵というスタイルが、ロコモコ」なのだという。

現地の人はこう食べる。

★卵や具を混ぜて食べる。
★店舗によるが、ライスを白米、玄米、フライド・ライスからセレクトできる。

左／「カフェ100」の店名は、創業者が所属していた日系人部隊の第100歩兵大隊にちなんで名付けられた。　中／2代目オーナーのゲイルさんが、ロコモコやお店の歴史などを丁寧に教えてくれた。　右／イートインスペースもあり、ゆったり食事ができる。

— memo —
ロコモコの発祥には諸説あるが、ハワイ島のヒロでレストランを営んでいた日系人夫婦が、若者向けに早くて、ボリュームのあるものとして作ったのが始まりとされる。それが人気となって、若者たちのファストフードの代名詞として支持を得てきた。現在は、こだわりの食材を用いたり、ベジタリアンやビーガン向けなどのメニューが登場したり、チキン、サーモン、アヒ（マグロ）、スパム、ソーセージなどを用いたりするなど種類も豊富。

参考価格：Loco Moco　$ 3.95。
MAP ▶ P.134 Ⓒ ❹ Cafe100

スパイシー アヒ ボム
Spicy Ahi Bomb

ところ変われば、いなり寿司も変わる

参考価格：Spicy Ahi Bomb　$3.99。
MAP ▶ P.136　Q 23　Matsuyama Market

　ハワイでは「コーンスシ」と呼ばれる、いなり寿司。日系移民たちが伝えた昔ながらの作り方を受け継ぎ懐かしい味わいだが、独自にアレンジされたものも多い。そのひとつが、スパイシー・アヒ・ポケをのせたもの。舌がピリピリするほどの辛味のあるアヒ・ポケと、甘めの油揚げやさっぱりした寿司飯は相性抜群。早めに買わないと売り切れるほどの人気だ。

現地の人はこう食べる。

★ポットラック・パーティー（持ち寄りパーティー）に持参。

★朝食やランチ、軽食として。

ローカルの人たちが、朝食やランチに利用するお総菜や食材、ドリンク類などを扱う。

― memo ―
日系人たちが持ち込んできた食文化であるお稲荷さん（いなり寿司）。油揚げを三角状に切り、ゴマ入りの寿司飯を詰めた形が円錐のため、ハワイでは一般的に「コーンスシ」といわれる。次第にハワイ風に変化し、ポケ（マグロ）をのせたタイプなどがある。

スパム むすび
SPAM Musubi

お手軽なスナック感覚フード

参考価格：SPAM Musubi　＄2.50〜。
MAP ▶ P.136　Q22　Pine Tree Café

　スーパーやコンビニなど、あらゆるところで手に入るスパムむすびは、日本でも知られているハワイフードのひとつ。私自身はさほど興味あるものではなかったが、ロコおすすめのこちらのお店で味わったら、むしろファンになるくらいに感動した。ごはんがしっかりとした粒を感じさせ、スパムの塩分との調和が絶妙。甘めの卵焼き入りもおすすめだ。

現地の人はこう食べる。

★軽食やおやつとして。
★ファストフード的な存在。
★自分で作ってお弁当的に食べる。

笑顔で迎えてくれるスタッフたち。

--- memo ---
日本の「おにぎり」や「海苔巻き」に、アメリカ発の缶入りランチョンミートのスパムを組み合わせた食べ物。起源は諸説あるが、いずれにせよハワイの日系人が考案したとされる。現在ではハワイ州だけではなく、全米や日本などでも親しまれている。

<small>ポケ ボウル</small>
Poke Bowl

海の幸が詰まったハワイ風丼もの

参考価格：Poke Bowl ＄13／2Choice。
MAP ▶P.134 Ⓐ ① Suisan Fish Market

スーパーや総菜店、鮮魚店が営むお店では、水揚げされたばかりのハワイ近海産の魚介類を使ったポケが並ぶ。それらをお好みでごはんにのせたのがポケ ボウル。バターとガーリックの風味たっぷりのホタテやサーモン、アヒ（マグロ）などをミックスしたものをチョイス。甘い香りに醤油とネギ、ゴマ油の和風味がして、ピリッとする辛味がアクセント。

現地の人はこう食べる。

★白米か玄米かをセレクトできる。
★ごはんにフリカケをかけて、その上にポケをのせることも。

創業100年以上の老舗フィッシュマーケット直営店。ポケの種類も豊富だが、新鮮な魚介類も販売。

— memo —
ハワイアンソルト、醤油、キムチ、ゴマ油などで海の幸を味付けしたポケを、ごはんの上にのせたもの。スーパーやコンビニのお総菜コーナーやプレート・ランチ店など、あらゆるところで見かける。ハワイでは専門店もあるくらいに一般的。

Chow Fun
チャウ ファン

平べったい米粉の麺炒め

参考価格：Chow Fun　＄7〜。
MAP ▶ P.141　ⓒ 51　Sam Sato's

　ローカルの人たちが通う昔ながらの食堂には、移民たちが持ち込んだ料理がたくさんある。チャウファンは、中華系の人たちが持ち込んできたもので、米粉の平たい麺と野菜、チャーシューをオイスターソースなどで炒めたもの。小皿にからしと醤油を入れ、それをつけながら食べれば、辛味と醤油が絡み合う奥深い味わいが広がる。

現地の人はこう食べる。

★小皿にからしと醤油を混ぜ合わせて、麺をディップする。
★軽食やサイドディッシュとして。

のんびりムードのマウイ島のローカルフードレストラン。

― memo ―
「Chow」は広東語で「炒めた」という意味。米粉を使った平たい麺（河粉）を肉や野菜と炒めたもの。広東や香港などで日常食のチャウファンは、中華系移民の多いハワイでもしっかりとローカル食となっている。

53

ロール スシ
Roll Sushi

海外で進化した日本の巻き寿司

　日系人の多いハワイでは、比較的容易に「寿司」を味わうことができる。もちろんハワイ近海産の新鮮な魚を使った握り寿司もあるが、大抵はハワイらしいロール寿司が選ばれる。

　在住日本人おすすめのヒロにあるお店には、バラエティに富んだロール寿司がラインナップ。そのなかから、スパイシー・テンプラ・ロールを注文。エビの天ぷらやクリームチーズ、キュウリ、ネギなどを裏巻きして油で揚げている。その上には、スパイシーマヨネーズソースとかば焼きのタレがかけられ、マサゴ、ネギなどがトッピング。ピリリッとくるワサビの辛味、チーズの滑らかさとパリッとしたキュウリの食感、タレや天ぷらなどの味が絡み合う。ここではお寿司のほか、ローカルが愛するチキンカツやテリヤキなどもあり、こちらはごはんとみそ汁、お漬物と一緒に定食として出てくる。日本風だけど、ちゃんと、ローカルの人たちが日常的に食べるハワイの味となっている。

現地の人はこう食べる。

★いろいろな種類をオーダーしてシェアする。
★わさびをたっぷりつけて食べる人も。

左上／モダンなカフェ風インテリアの店内でハワイ風日本料理を味わえる。右上／オーナーの母上特製の餃子も人気。Gyoza＄4.50　左下／日系人オーナーがハワイらしいスタイルの料理を提供。

--- memo ---

日本の巻き寿司が海外で独自に進化を遂げてきたもので、ローカルの人たちにも浸透。日本でも、アボカドやキュウリ、トビコ、カニカマなどをごはんで巻いたカリフォルニアロールが広く知られている。ロール寿司（寿司ロール）は巻き寿司の一種で、海苔でごはんと具を巻く日本式の巻き寿司とは異なり、ごはんを外側に巻いたり、ロールごと油で揚げたりする。もともとは、生の魚を口にすることに馴染みが薄いアメリカの人たち向けに作られたものだったが、次第に食文化の変化もあり、さまざまな種類の具を使用するロール寿司が生み出されるようになっていった。

参考価格：Spicy Tempura Roll　$8.50。
MAP ▶ P.134　E　6　OCEAN Sushi

55

オムレツ フライド ライス
Omlette Fried Rice
ハワイで愛される家庭の味

　オムレツというとハワイの超定番朝ごはん。そして、オムライスというと日本で生まれた洋食。そのため、ハワイではオムレツとライスが一緒にでてくることはあるが、日本のように薄く焼いた卵で包み込むオムライスのスタイルはほとんど見かけない。

　しかしながらハワイ島にある昔ながらの家庭料理が評判のお店では、薄焼き卵にフライド・ライスが包まれたメニューがある。とはいえ、ライスは日本のようなケチャップ風味ではなく、ハワイの定番フライド・ライス。ビーフやチキン、ポーチュギーズ・ソーセージなどのいずれかの具を選び、ごはんや野菜と一緒に、醤油とオイスターソースで味付けして炒めている。ちなみに、こちらのお店は1929年にジェネラルストアとして日系人が開き、サイミンスタンドを経て、現在のようなレストラン形態に。今では創業者の孫たちが店を仕切っている。ハワイ島のローカルたちにおすすめのお店を聞くと、必ず名前があがる名店だ。

現地の人はこう食べる。
★しっかりと味付けされているので、そのままで味わう。
★ポーチュギーズ・ソーセージ入りが人気。

左／1956年に建てられた歴史を感じさせる建物。　中／日本の昔ながらのいなり寿司や巻き寿司のレシピが受け継がれている。　右／創業ファミリーが味と店を守り続けている。

--- memo ---
オムライスは日本独自に生み出された洋食で、オムレツとライスを組み合わせた和製英語。日本で一般的なケチャップライスを薄焼き卵で包むスタイルは、ハワイではほとんどない。オムレツに白米、玄米、フライド・ライスなどを添えることは多い。ちなみに、フライド・ライスはハワイ風の炒飯のこと。ハワイの定番グルメとして、あらゆるレストランやプレート・ランチ店などで登場する。

参考価格：Omelette Fried Rice　$14.50。
MAP ▶ P.135　I　11　Teshima's Restaurant

57

ちょこっと休憩

ハワイ島・カウアイ島・マウイ島 ファーマーズ・マーケット探訪

ファーマーズ・マーケットというと、農家の人たちが、自らが育てた農産物を、直接的に販売している場所。確かに、各島々で収穫された新鮮な野菜や果物にたくさん出合えるし、そういうスタイルのファーマーズ・マーケットも多い。

けれども、規模や開催地にもよるが、人気グルメやロコ・アーティストによるハンドメイド雑貨やアクセサリー、自然派コスメなどの出店者も増加。さらには、ハワイアンミュージックなどの生演奏を披露していることもある。3島ともに、規模の大小はあるが、毎日のように、どこかで開催されている。

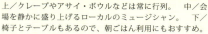

左／コーヒー豆の保存用麻袋を使用したバッグ。　右／Kekela Farm には、有機栽培のラディッシュやレタスをはじめ、色彩豊かな根菜類やレモンなどが並ぶ。

上／クレープやアサイ・ボウルなどは常に行列。　中／会場を静かに盛り上げるローカルのミュージシャン。　下／椅子とテーブルもあるので、朝ごはん利用にもおすすめ。

The Island of Hawai'i

ハワイ島の
グルメなマーケット

　ハワイ島で観光客が利用しやすいのは、コナ・ファーマーズ・マーケットやヒロ・ファーマーズ・マーケットなど。

　今回、注目したいのは、ワイメア・タウン・マーケット。長閑な町にある学校の敷地内で開催されていて、訪れる人の多くがローカル。とはいえ、規模も大きく、ハワイらしい野菜や果物をはじめパンやスイーツ、アーティストのハンドメイドグッズなど見どころも多い。

クミンやコリアンダーなどのスパイスが効いたひよこ豆のコロッケや野菜やピクルスをピタパンにのせたプレート。Falafel Plate ＄14

左／珍しいレバノン料理のTabaraka。　右／ビーガンやヘルシー志向の人たちに支持を受けている。

左／キャラメルの甘さとマカダミアナッツの香ばしさが絶妙なタルト。Honey Caramel Macnut Tart ＄8.24　右／出店者たちとの交流も楽しい。　Hawaii Tart Company。

甘くて病みつきになりそうなデザート・バー。Lilikoi Bar ＄4、Caramel Nut Bar　＄4。

左／レモネードにベリーやマンゴーなどのフレーバーをプラスできる。Lemonlicious Waimea。　右／レモンの酸味が爽やかなドリンク。Lemonade　＄7

左／常に客足が途絶えないベーカリー。Sandwich Isle Bread Company。　右／バケットやクロワッサンも人気だが、菓子系ペストリーにも注目。Cinnamon Roll ＄3

Maui Island
マウイ島の便利な立地のマーケット

　観光客の多いカフルイのスワップ・ミートが有名だが、ローカルに人気なのは新鮮な食材がいっぱい集まるアップカントリー・ファーマーズ・マーケット。また、コンドミニアムなどが多いキヘイにも、野菜や果物、コーヒー、ジャムなどを販売するファーマーズ・マーケットがある。

左／マウイ・ゴールド・パイナップルは、この島を代表するもの。　右／優しい甘みが特徴的なマウイ・オニオン。

左／ドレッシングやジャムはおみやげに買う人が多い。
右／マウイ産コーヒーをはじめ他島のコーヒー豆も販売。

Kauai Island
カウアイ島の鮮度も抜群のマーケット

　カウアイ島では規模の大きさでは、リフエのカウアイ・コミュニティー・マーケットが有名。カウアイ・メイドのコーヒーやスイーツなどもある。そのほかにも、ポイプやカパア、ハナペペなど、さまざまな地域やショッピングセンターなどで開催している。

左／スターフルーツなどの珍しい果実は食べ時や食べ方を教わりながら。　右／ココナッツ・ウォーターをその場で飲めるのもファーマーズ・マーケットの楽しみ。

左／ドラゴンフルーツは熟すと甘さが増してくる。　右／フレッシュなミントも種類が豊富。

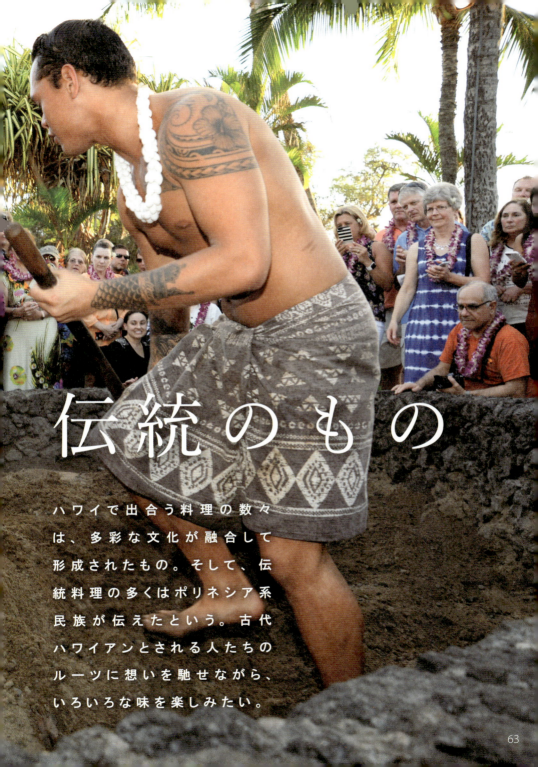

伝統のもの

ハワイで出合う料理の数々は、多彩な文化が融合して形成されたもの。そして、伝統料理の多くはポリネシア系民族が伝えたという。古代ハワイアンとされる人たちのルーツに想いを馳せながら、いろいろな味を楽しみたい。

カルア ポーク/ピッグ
Kalua Pork/Pig

儀式を見ると、ありがたみ倍増

　ハワイの伝統的な宴であるルアウのショーイベントにて、必ず登場するのがこちらの料理。宴の前に開催される儀式で、イムと呼ばれるハワイ式の土中窯で蒸し焼きされた丸豚が掘り起こされる。バナナリーフとティーリーフに包まれた豚の姿が現れると、観客たちは拍手喝采。この神聖な儀式が終わると、豚の身がほぐされたものが、ルアウ・ショーのビュッフェテーブルに、カルア・ポークという料理としてあがるのだ。

　ちなみに、このカルア・ポークは、何もルアウの時にしか食べられないものではない。実は、ローカルの人たちにとって、非常に身近なメニューであり、お総菜屋やスーパー、プレート・ランチ店などで提供している。もちろん、イムで調理されるわけではない。カウアイ島のポノ・マーケットの場合は、ハワイアンソルトで味付けしてスモークさせた豚肉を、オーブンでじっくりと約6時間焼く。身も柔らかく、塩味が効いて、味わい深い。

現地の人はこう食べる。

★ルアウ・ショーのディナーとして食べる。
★プレート・ランチの一品。
★ごはんやポイと一緒に味わう。

左上／ルアウ・ショーにて披露されたカルア・ポークを掘り起こす儀式。Old Lahaina Luau。　右上／イムから掘り起こされた豚の姿。
MAP ▶ P.141　B 49

左／伝統料理が人気のお店のカルア・ポーク。プレート・ランチにも。
MAP ▶ P.138　A 29

--- memo ---

「カルア」はハワイの伝統的な土中窯のイムで、肉や魚をティーリーフやバナナリーフなどで包んで蒸し焼きにする調理方法。特に、ルアウ・ショーのイベントでは、土中に埋めてあったリーフに包んだ丸ごとの豚を掘り起こす儀式を観客に見せるというのが定番。この豚肉料理を、カルア・ポーク、または、カルア・ピッグという。ローカルフードのお店などでは、日常的にイムを使うのは困難。そのため、塩やスパイスで味付けをした豚肉を、ホイルなどで包んで、オーブンで蒸し焼きにするという調理方法をとっている。

参考価格：Kalua Pork　＄9.99/lb.
MAP ▶ P.138　Ⓐ㉙　Pono Market

ポケ
Poke

日本人が親しみやすい味

　「ポケ（ポキ）」は生の魚介類を、塩や醤油などで味付けした「漬（づ）け」的なもの。特にアヒ（マグロ）をハワイアンソルトや醤油、ゴマ油などであえたものという印象が強い。でも実際にはマグロ以外にも、さまざまな魚介類で作ったポケがある。特に伝統的なローカルフード店やプレート・ランチ店、さらにはスーパーの生鮮食品コーナーでも、カツオ、イカ、タコ、エビなどの多種多様なポケがずらりと並ぶ。

　醤油やゴマ油を味付けに使っていることが多いため、ハワイで日本食が恋しい時に食べることもあるくらい親しみやすい味。マグロの旨味がしっかりとしていて、塩とゴマ油だけのシンプルな味付けでも十分においしい。ちなみに、カウアイ島のポノ・マーケットでは、ポケだけで27種類あり、アヒ・ポケだけでもスパイシー、セサミ、オニオン、醤油、キムチと5種類もある。醤油とショウガであえたものは特に日本的な味わいで馴染みやすいはず。

現地の人はこう食べる。
★プレート・ランチのおかずとして食べる。
★スーパーやローカルフード店のお総菜コーナーにて、量り売りで購入。

左／日系人オーナーが営む老舗格のポノ・マーケット。　右／マグロやタコ、エビなどのいろいろな種類のポケを量り売り。

--- memo ---
ハワイ語で「切り身」という意味で、ローカルフードの代表格のポケ（ポキ）。日本ではマグロのポケ（アヒ・ポケ）が有名だけど、ハワイではタコ、エビ、サーモン、イカ、カツオ、ホタテなどバリエーションが豊富。レシピは何通りもあるけれど基本的には、切り身の刺身にハワイアンソルト、醤油、ゴマ油、タマネギ、オゴ（海藻）などを混ぜただけのシンプルな料理。調味料も、チリやキムチを使ったものやマヨネーズを入れたものなどがあり、レシピは無数。

参考価格：Ahi Poke　＄13.99/lb。
MAP ▶ P.138　Ⓐ 29　Pono Market

ロミロミ サーモン
Lomilomi Salmon

さっぱり、サラダ系

　ごはんの供というわけでも、おなかにたまるわけでもない。でも、その存在は極めて重要……。そんな料理が、このロミロミ・サーモンだ。サーモンとトマト、ハワイアンソルト、オニオンというシンプルな食材を混ぜただけのもので、肉や魚料理のガッツリ系が多いなか、箸休め的に食べたくなる。口の中がさっぱりとしてメインも進む。

現地の人はこう食べる。

★サラダや副菜として食べる。
★プレート・ランチの一品に。
★ルアウ・ショーのローカルフードビュッフェで。

参考価格：Lomi Lomi Salmon　$7.99/lb。
MAP ▶ P.138　Ⓐ㉙　Pono Market

— memo —
「ロミロミ」はハワイ語で「マッサージをする」という意味。生サーモンやトマト、タマネギなどの素材をマッサージするように揉みこんで作ることからこの名がついた。

左／ローカルの人たちから支持される1968年創業のお店。自家製の伝統的な料理やお菓子などが並ぶ。　右／素朴な味わいの饅頭菓子。Backed Manju（$4.75／8個）

Poi
ポイ

伝統的なハワイの主食、どうぞ

酸味を帯びていて捉えどころがない味。しかし、古代よりハワイではこれが主食。おかずとあわせると、とたんに存在意義が生まれる。実際ラウラウやカルア・ポークと一緒だと不思議なくらいにいい感じなのだ。古来、ハワイで愛されてきた"主食"をぜひ、じっくりと味わいたい。

現地の人はこう食べる。

★伝統のおかずと一緒に。
★砂糖を加えて味わう人もいる。

参考価格：Poi ＄7.69。
MAP ▶ P.138 A 29 Pono Market

---

memo

ポリネシアの伝統的な主食。ハワイでは、カロ（タロイモ）は神聖なものとされてきた。ポイはそのタロイモを蒸してペースト状にし、発酵させたもの。発酵日数が長いほど酸味が増して、クセが強くなる。タロイモは、チップスやパンケーキにもその名を見かける。

ローカルフードのお総菜が量り売りで販売。プレート・ランチもあるので、気になる料理をお好みで選びたい。

クロロ
Kulolo

もっちり系の伝統スイーツ

　クロロはハワイの昔ながらのおやつ。もっちりした食感とカラメルのような味わいが特徴で、タロイモやココナッツミルク、砂糖などから作られる。ハワイ島でそのアレンジ版に出合った。クロロにパン粉をつけてフライにし、アイスとホイップクリームを添えたものだ。アツアツのフライにひんやりとしたアイスが絶妙の食感を生む。

現地の人はこう食べる。

★おやつや食後のデザートとして食べる。
★アツアツのクロロをアイスクリームと共に。

参考価格：Fried Kulolo　$10。
MAP ▶ P.136　N 19　Umekes Fishmarket Bar & Grill

— memo —
伝統的な作り方は、すり潰したタロイモに、ココナッツミルクや砂糖を混ぜてティーリーフで包み、イム（土中窯）で6時間ほど蒸す。現代では型に入れて、オーブンで焼くのが一般的。アツアツの状態にアイスを添えて食べるのが人気。

左／フライにしたクロロは、サクサクの食感で、クリーミーなアイスやホイップクリームとの相性抜群。　右／こちらが伝統的なクロロの状態。

Laulau
ラウラウ

葉の中に旨味がギュッと詰まったもの

ハワイアンソルトだけでシンプルに味付けされた豚肉とソルトサーモンを、タロイモの若葉とティーリーフで包んで蒸しあげた。それだけの料理なのだが、なかなかに奥深い味。塩分の効いた柔らかな肉とアクセント的な存在のサーモンに、しっかりとリーフの香りが染み込んでいる。ごはんにもポイにも合う。

現地の人はこう食べる。

★プレート・ランチの一品として食べる。
★ハワイアン・チリ・ウォーターや醤油をつける。

Kauai Island

参考価格：Laulau ＄4.50。
MAP ▶ P.138 (A) 29 Pono Market

--- memo ---
伝統的な作り方は、カロ（タロイモ）の葉で、豚肉や鶏肉、魚などを包んで、さらにティーリーフで包み、ハワイ式のイム（土中窯）に入れて蒸し焼きに。味付けは、ハワイアンソルトのみという場合が多い。現在はオーブンで蒸し焼きにする。

ラウラウ、ロミロミ・サーモン、アヒ・ポケなど、いろいろなローカルフードを自分で選んで食べられるのもうれしい。Hawaiian Plate Lunch（＄11.50〜）

ちょこっと休憩
ハワイの伝統的な祝宴〜Luau

Maui Island

ルアウはハワイの伝統的な祝宴を意味する。現在では伝統料理のビュッフェやフラ、ポリネシアンダンスなどのディナー＆ショー・エンターテイメントとして楽しまれている。観光客だけではなく、誕生日や結婚記念日などでローカルの人たちも訪れる。

海を望む絶好のロケーションで開催。Old Lahaina Ruau
MAP ▶ P.141 Ⓑ ㊾

ルアウ・ショーの流れをザックリご紹介

❶ ウェルカムドリンク

カクテル、ビール、ワイン、ジュースなどが用意。

❷ ゲストアクティビティー

ハワイ文化のデモンストレーションなどで、ゲストたちを楽しませる。

❸ ハワイアンミュージック

会場では常にミュージシャンたちによる演奏や歌が披露。

72

❹ イム・セレモニー

イム（ハワイ式の土中窯）に埋められていた丸豚を取り出す儀式。
肉はほぐされ、伝統料理のビュッフェに並ぶ。

❺ ビュッフェ＆ショー

ハワイの伝統的な料理の数々が並ぶビュッフェ。指定された席のエリアごとに呼ばれて、料理を取りに行く。その間もフラなどのショーが舞台で披露。

❻ エンターテイメント

ルアウ・ショーのメインイベント。アウアナ（現代フラ）やカヒコ（古典フラ）、ポリネシアンダンスなど、さまざまなエンターテイメントが繰り広げられる。ゲストを舞台に上げるというお約束も観客を盛り上げる。

73

人気もの、
集めました

「やっぱり、これが大好き！」ローカルの人たちの支持率が高いのには、素材、味、値段、雰囲気、歴史、こだわりなど、それなりの理由がある。そんな定番だけど、人々を惹きつける人気ものたちを味わい尽くそう。

フィッシュ アンド チップス
Fish & Chips

ガーリック効いた、ビールのアテ

　海辺の街に行くと、午前中からダイナーでビールを飲みながら、ボリュームあるフィッシュ&チップスを頬張っている姿を見かけることがある。

　パイアにあるシーフード専門店でも、ほとんどの客がビール片手に食事を楽しんでいる。このお店では、ハワイ近海産の新鮮な魚で作るフィッシュ・バーガーやフィッシュ・タコなど、魚を使った料理が食べられる。もっとも、暑い日差しでバテた身体を癒すには、ビールとの相性が抜群のフィッシュ&チップスが最高だ。

　ジョッキに注がれた冷えたビールを一口飲んで、揚げたてでサックサクのマヒマヒ（シイラ）のフライを味わう。ハワイ時間に惹き込まれ至福に浸っていると、ローカルの人がおいしい食べ方を教えてくれた。ガーリック風味で酸味のある市販のタイガーソースやタバスコをほんの少しだけつければ、ピリ辛でもっとビールがほしくなる。ビールと揚げ物の無限装置、ここにあり。

現地の人はこう食べる。

★タイガーソースやタバスコをつけて、ピリ辛で味わう。
★モルト・ビネガーと塩をつけて食べる。

左／マウイ島のカフルイ空港から車で20分弱。パイアの一角にあるお店。中／ハワイのお約束、ショップのオリジナルTシャツも人気。　右／プランテーション時代を感じさせる雰囲気の店内。

---

memo

フィッシュ&チップスは、もともとは、イギリスの代表的な料理。白身魚のフライに、ジャガイモを棒状にしたフライ（フレンチフライ）が添えられたもの。イギリスではビネガーと塩などをつけて食べるのが一般的。海の幸が豊富なハワイでも、シーフードレストランやビアレストランなどで、マヒマヒ（シイラ）やシュリンプ、カラマリ（イカ）などのフライがある。ビネガーと塩が用意されることもあるが、ハワイではタルタルソースとレモンが一般的。アメリカらしくピリ辛で甘酸っぱいタイガーソースやタバスコを出されることもある。

参考価格：Fish & Chips　＄12.95。
MAP ▶ P.142　(E) 54　Paia Fish Market Restaurant

リブ アイ ステーキ
Rib Eye Steak

やっぱり、ステーキは必食

　ハワイの食事と聞けば、真っ先にイメージされるハンバーガーなどの典型的に「アメリカン」なメニュー。ハワイにも多彩なグルメがあることは認知されはじめたが、それでも試してみたくなるのが肉汁滴るステーキだろう。ステーキ専門店やローカルのファミレス、ダイナーなど、いたるところで遭遇できる。分厚くて、ジューシーで、スパイスや塩で味付けされたステーキは、ボリュームがあるから2人で1皿でも十分ということも多い。

　それぞれのお店にこだわりはあるが、ローカルたちのお気に入りのひとつであるハワイ島にあるお店を訪ねた。ここのリブアイ・ステーキは「ステーキにすると味が強すぎる」と言われるハワイ島のグラスフェッドのビーフではなく、あえて、メインランド（アメリカ本土）のビーフを使うというこだわりの品。素材の味を活かしながら、カイエンペッパー、パプリカ、ハーブなどで味付け。噛みしめると肉の旨味がしみ出てくる。

現地の人はこう食べる。

★塩とコショウ、ハーブやスパイス、デミグラスソースなどで味わう。

左／シーリングファンがゆったりとした時間を感じさせる。　中／スイートポテト、マンゴー、ワサビ、チリペッパーの4種のソースで味わう。Ahi Poke Tower（$21）。　右／ハワイ語でオハナは家族。とてもフレンドリーなコナ店のスタッフたち。2017年にヒロに2号店もオープンした。

---

memo

　USDA（アメリカ合衆国農務省）が牛の種類や成熟度などから、肉質の等級を定めている。そのためハワイのレストランでも、上質な肉を提供しているかどうかは、USDAが定めたプライム、チョイス、セレクト、スタンダードなどの等級で判断できる。メニューでも、「USDA Prime」というように表記されていることが多い。例えば「最上級のプライムリブ」というと、高品質で高級な肉ということがわかる。リブアイ・ステーキは、リブ（あばら）の中心にある柔らかい部分の上質な肉をいう。

参考価格：Blackened Rib Eye Steak　＄33。
MAP ▶ P.135　(K) 14　Jackie Rey's Ohana Grill

テリヤキ
Teriyaki

海を渡った、日本の味

Maui Island

参考価格：Teriyaki ＄9.75。
MAP ▶ P.141 C 51 Sam Sato's

「テリヤキ」という耳慣れた響き。まさかハワイの地で耳にするとは……。ハワイでは、プレート・ランチにもレストランにも、普通にチキンやビーフのテリヤキが存在する。醤油やニンニク、ジンジャー、砂糖を使って、甘辛い濃いめの味付けのため、実にごはんにぴったりのおかず。マックサラダ（マカロニサラダ）を一緒に食べるのがローカル風。

現地の人はこう食べる。

★白米や玄米と一緒に味わう。
★付け合せにはマックサラダをチョイス。

ローカルフードのお店では、定番メニューとして親しまれている。

— memo —
家庭では醤油やミリン、砂糖などで作るよりも、市販の甘辛いテリヤキソースで味付けされることが多い。チキンやビーフなどをソースに漬けて、BBQやグリルなどで焼いて食べる。

Furikake Ahi
フリカケ アヒ

アヒの調理法、いろいろ

ハワイ近海で獲れるため、アヒ（マグロ）は身近な存在だ。有名な調理法はアヒ・ポケだが、フリカケ・アヒもローカルに愛されている料理のひとつ。マグロのサクにフリカケをまぶして軽く炙るというタタキ風のものが多い。レアな焼き加減のマグロとフリカケという組み合わせが実に合う。フリカケなだけに、ごはんのお供にもいい。

現地の人はこう食べる。

★プレート・ランチとして。
★マックサラダやごはんと一緒に食べる。
★レモンを絞って食べる。

参考価格：Furikake Crusted Ahi　$10.95。
MAP ▶ P.138　C 32　Fish Express

― memo ―
ハワイの人たちにとって、アヒ（マグロ）は非常に身近な食材。フリカケはポケ・ボウルやプレート・ランチに欠かせないほどの定番。マグロのサクを炙ってからかけたものや、フリカケをかけたマグロをソテーするなどの調理法がある。

左／フィッシュマーケットのため新鮮なシーフードのお総菜が手に入る。　右／ポケやサラダなどをプレート・ランチやお弁当などで提供。

BBQ ベイビー バック リブ
BBQ Baby Back Ribs
甘くて濃いけど、欲するもの

参考価格 : 1/2 Rack Baby Back Ribs　$17.
MAP ▶ P.135　 J 12 　TJ'S BBQ By The Beach

　ハワイで味わう BBQ はいつも甘くて、とっても濃い味。それでもなぜか無性にまた食べたくなる魅惑のグルメ。ハワイ島にある BBQ スタンドが話題と聞いて訪れた。骨付きのベイビー・バック・リブは、特製 BBQ ソースの甘辛い味がしっかり染み込み、肉がホロっと柔らかい。コールスローが箸休めとしての役割を発揮。気がつくと骨際までガブリ。

現地の人はこう食べる。

★手づかみで豪快に。
★コールスローと一緒に食べる。

ワシントンでディナーハウスを経営していたオーナー夫妻。2014 年にハワイ島へ。

--- memo ---
BBQ ソースに数時間〜 1 晩ほど漬け込んだ肉をグリルやオーブンなどで焼いたもの。BBQ ソースはお店特製も多いが、市販も充実しており、トマトやパプリカ、ハチミツ、タマネギなどのほか、パイナップルやマンゴーを使ったこだわりのものもある。

Furikake Chicken

フリカケ チキン

チキンにも、フリカケ

チキンにフリカケという発想は、ハワイでは普通。フリカケの単純そうで複雑な味は肉との相性がいい。「ウメケズ」というお店では、フライドチキンに、甘めの醤油と塩とフリカケで作られた自家製ソースがかけられている。その塩辛いソースと隠し味のようなコンデンスミルク的甘みは、肉汁がジュワっと出てくるチキンにぴったり。

現地の人はこう食べる。

★チキンをフライかグリルにしてフリカケをまぶす。
★プレート・ランチやメインディッシュなどで定番。
★ごはんと一緒に食べる。

参考価格：Furikake Chicken ＄6〜。
MAP ▶ P.136 (N)19 Umekes Fishmarket Bar & Grill

— memo —
ハワイではフリカケ率が高い。そして、グリルやフライで調理したチキンにフリカケを用いるのは定番となっている。このように、フリカケが調味料の一種として使われることが多いが、プレート・ランチの白米にかけるのも日常的。

左／新鮮な海の幸やローカルフードが評判。テイクアウト店とイートインのレストランがある。　右／おかずや白米にフリカケをかけるのが定番。

バーガー
Burger

のびのび育ちのビーフを使ってます

ハワイ島産グラスフェッドビーフが流行中。リピート率が高いワイメアのバーガーショップの自家製パテも例外ではなく、安心安全で肉質のよい肉を使用。パテは焼き加減も選べ、分厚くてビーフの旨味がしっかりした感じ。基本のバーガーを選び、野菜やチーズはオプション形式。人気のハンドカットのフレンチフライも忘れずに！

現地の人はこう食べる。

★マスタードやケチャップを自分でつけて食べる。
★サイドにフレンチフライをオーダー。

参考価格：Kahua Ranch Wagyu Beef Burger　$15〜。
MAP ▶ P.137　Ⓢ 27　Village Burger

--- memo ---
ハワイ諸島のバーガーショップでは、ハワイ島で育ったグラスフェッドビーフをウリにしている店が多い。のびのびと牧草を食べて育った牛は、脂肪分も少なくヘルシー。なかでも和牛と交配した肉は、USDAプライムグレードレベル。

左／ハワイ島産のこだわりビーフを使用しているワイメアの人気バーガーショップ。　右／オーダーする際には、バーガーを選び、パテの焼き加減、トッピングなどを伝える。

プレート ランチ
Plate Lunch

ロコが気軽に食べる軽食スタイル

気軽に食事をしたいときには、おかずやごはんを自由に選べるプレート・ランチが便利。ヒロの人気店で、シーフード・プレートを注文。エビ、イカ、ホタテなどのアツアツでサクサクのフライにラディッシュやサワークリームなどで作った自家製タルタルソースをつける。ガーリックライスはターメリックとクミン、醤油の風味豊か。

現地の人はこう食べる。

★白米、玄米、フライド・ライス、ガーリックライスなど、好きなライスの種類を選ぶ。
★ボックスでテイクアウト。

---
memo
ハワイで一般的な軽食スタイル。おかず、ごはん、サラダが一皿にのっているのが基本。お弁当の影響で生まれたというランチ・ボックスでテイクアウトするタイプも多い。おかずは、モチコチキンやシチューをはじめ、特に決まりはない。

参考価格：Seafood Plate ＄17.69。
MAP ▶ P.134　Ｅ　⑦　Puka Puka Kitchen

左／ヒロのダウンタウンにあるプレート・ランチが評判のお店。　右／気さくに話しかけてくる親切なスタッフたち。

Spicy Garlic Chicken
スパイシー ガーリック チキン

噛みしめたときの肉汁がたまらない！

　テリヤキ、フリフリ、BBQ、カツ、モチコ……などなど、ローカルが愛するチキングルメは数知れず。その中でも、「これが、おいしい！　本当におすすめ！」と言えるもののひとつが、スパイシー・ガーリック・チキン。ハワイでお馴染みの甘辛い系のお味。

　いろいろな場面で味わってきたが、どこで食べてもおいしいし、今までお店を特に意識してこなかった。そこで改めて、そのチキンだけで1日60〜70食を売り上げているという「パイン・ツリー・カフェ」を訪問。ここではチキンを揚げてから醤油と砂糖を煮詰めた液にマリネし、ガーリック、ゴマ油、醤油、チリなどのソースをかけている。サックリとした衣のチキンは、甘めの醤油風味の液がしっかりと染み込んでいる。ピリッとしたガーリックソースが、さらに食欲を増幅させる。「あれ、こんなにおいしいものだった？」と、思うほどごはんが進む。玄米やフライド・ライスもいいけれど、このチキン料理には白米でしょう！

現地の人はこう食べる。

★プレート・ランチとして。
★白米と一緒に食べる。

左／レーズンやココナッツなどがアクセントのホームメイドケーキ。Bread Cake($4.95〜)。　右／駐車場が広く、空港からもほど近い、ローカルたちに人気のカウンターオーダー式のレストラン。

— memo —

スパイシー・ガーリック・チキンは、プレート・ランチなどの超定番メニュー。塩とコショウで下味をつけた鶏肉に小麦粉やコーンスターチなどの粉をまぶして油で揚げて、醤油（甘めのハワイ醤油）や砂糖、ガーリック、チリ、タマネギなどで作った液にマリネする。呼び名は店舗によって、ガーリック・チキンとかガーリック・チキン・ウイング、クリスピー・ガーリック・チキンなどさまざま。甘辛い濃いめの味が特徴だ。

参考価格：Spicy Garlic Chicken　＄12.95。
MAP ▶ P.136　Q22　Pine Tree Café

チキンカツ
Chicken Katsu

ああ、和みます〜、この味に

　「カツ」という物言いに「日本食では？」という疑問が湧くかもしれないけれど、これも立派なローカルフード。もちろん日本から伝わった料理であることに変わりはないが、プランテーション時代に移民した人たちがハワイに伝えたため、時代を経て、どこかハワイ流になっている。日本でカツというと、大抵トンカツがメインだが、ハワイではチキンカツが主流。

　安くてボリュームがあると評判のお店で味わった時のこと。チキンカツは脂分の少ないムネ肉を使うことが多く、揚げ物なのにさほど重く感じない。むしろ、さっぱり食べられる。濃厚で甘みを感じるカツソースをつけて、ごはんやマックサラダと一緒に夢中で食べていると、ふと、店内でローカルファミリーたちがおいしそうに「カツ」を食べる姿が目に留まる。日系人たちがハワイという地で、変化させながらも受け継いできた味がローカルフードとして浸透していることに、なんだか心が温かくなった。

現地の人はこう食べる。

★プレート・ランチとして。
★カツソースをたっぷりとつけて食べる。
★白米やマックサラダと一緒に食べるのが主流。

左上／朝食からディナーまでフルオープン。ランチの混雑ピークが過ぎ、ホッとした笑顔で撮影に対応してくれた。
右上／3面がガラス張りになっていて、広々としたダイニングスペース。
左下／ローカルのファミレス的なお店。メニューの種類も豊富。

---
memo

プランテーション時代にやってきた日本からの移民が、現地の食材を使って日本で馴染み深い料理の数々を作っていた。そのひとつが「カツ」。ハワイの醤油メーカーでもカツソースを販売しているが、謳い文句のなかで「チキンカツにつけて」という紹介をしているほど、チキンカツはメジャー。作り方は鶏肉に小麦粉、卵、パン粉をつけて揚げるだけ。ハワイでも白米やマックサラダ（マカロニサラダ）と一緒に味わう。

参考価格：Chicken Katsu　＄11.95。
MAP ▶ P.136 Ⓜ⓱ Big Island Grill

> ちょこっと休憩

世界に誇るハワイ産のラム酒

　カウアイ島には、世界的な規模のラム酒コンテストで数々の金賞を獲得しているラム酒の蒸留所がある。リフエのキロハナ・プランテーション内にあるアンテナショップには、ラム酒をはじめ、カクテルやケーキ、ファッジなどラム酒を使用したアイテムが一堂に会する。また、テイスティングルームが併設され、代表的なラム酒とケーキなどをお試しできる。

　ここのラム酒は、カウアイ島でもっとも高く神聖なワイアレアレ山の水やハワイ産サトウキビで作られている。そして、ピュアな味わいのホワイト、マイタイにおすすめというゴールド、ジンジャービアやライムが合うというダーク、ストレートで味わいたいスパイス、ナチュラルなココナッツ風味のココナッツ、そして、カウアイコーヒーの6種類がある。いずれも、すばらしい香りと味が、高い評判を得ている。個人的なリピート買いは、バニラのような優しく甘い香りのダーク・ラム。ストレートはもちろん、カクテルにもお菓子作りにも合う。熱い情熱で作られているカウアイ産のコロア・ラム。ぜひ、試していただきたい。

カウアイコーヒーとのコラボのラム酒。深みがあり、コーヒー感覚でディナー後におすすめという。

左／ラム酒を使ったファッジとダークラムケーキ。　右／日替わりで3〜4種のラム酒とラムケーキをテイストできる。(21歳以上。10:30〜、30分毎に開催)

カウアイ島のコロア・ラム・カンパニーの White、Gold、Coconut、Spice、Dark など、5 種類のラム酒（$29.95 ～）。
MAP ▶ P.139　D 35　Kōloa Rum

こちらで一杯、いかが？

　カウアイ島が世界に誇るコロア・ラム。そのラム酒を使ったカクテルを楽しめるラウンジをご紹介しよう。場所はコロア・ラムのアンテナショップがあるキロハナ・プランテーションの敷地内にある「マヒコ・ラウンジ」。サトウキビのプランテーションの運営に携わったゲイロード・ウィルコックス氏の邸宅跡を利用したレストランのゲイローズの一角にある。

　ここでは、コロア・ラムと敷地内で栽培しているフルーツやハーブ、サトウキビなどを利用したさまざまなカクテルを、ゆったりと寛げる空間で味わうことができる。特に注目すべきは、シュガーケーン・プレスと呼ばれる機械があり、これでサトウキビを潰して、フレッシュなジュースを作り、カクテルにも使用している点。天然の優しい甘みとラム酒の風味が絶妙な味わいを生む。なかなか他では味わえない特別なカクテルを楽しめるラウンジだ。カウアイ島を訪れたならば、ぜひとも、足を運びたい場所のひとつだ。

上／キロハナ内のゲイローズの一角にあるMahikō Lounge 。コロア・ラムを使ったカクテルをゆったりと味わえるラウンジ。　下／手際よくカクテルを作ってくれる。

Koloa Rum Mai Tai (左) と Koloa Rum Mojito
MAP ▶ P.139 D 36 Mahikō Lounge

95

あまいもの

おやつだったり、食後だったり、不思議と食べたくなるのが、あまいもの。多彩な食文化が入り混じっていて新鮮だったり、懐かしさを覚えたりするハワイならではのものがいっぱい。

マンゴー リリコイ パイ
Mango Lilikoi Pie

衝撃的に感動したとっておきスイーツ

　ハワイに溢れる多彩なスイーツたち。そのなかでも、とりわけ印象の強い魅惑のスイーツが、マンゴーを使ったパイではなかろうか。ローカル産のトロピカルフルーツのスイーツがおいしいのは、作り手たちが旬の時期をきちんと理解しているから。

　ここでご紹介するのは、「ザ・ライトスライス」のマンゴー・リリコイ・パイ。濃厚な味わいのマンゴーとリリコイの甘酸っぱさ、そして、パイ生地のサックリ感は、本当に黄金比のよう。

疲れて、食欲がない時でも、なぜかこれはぺろりと食べられてしまう。「これでもか！」というぐらいに、たっぷりと入ったマンゴー。表面の生地に砂糖がトッピングされているが、フィリングには砂糖は使わずあっさり。マンゴーの果実と、ネクター、タピオカが入っていて、薄いのにサクッとした食感が楽しめるパイ生地もすばらしい。旬の時期をチェックして、感動的なマンゴースイーツを楽しみたい。

現地の人はこう食べる。

★スイーツとしてコーヒーと一緒に味わう。
★ホールで購入してパーティーなどに持参。
★テイクアウトして職場や自宅で食べる。

左／奥の厨房から、次々とハンドメイドのパイを生み出している。　右／パイはカラヘオの店舗のほか、ファーマーズ・マーケットのお店でも販売。

---

memo

南国ハワイにもフルーツには旬がある。スーパーでは比較的通年見かけるものもあるが、主流であるアップルマンゴーの旬は、6〜8月頃。そのため収穫時期以外のマンゴーは、旬の時に収穫したものを調理し冷凍保存したものや、他産地のものを使用していることが多い。どうしてもロコ産のフレッシュマンゴーのスイーツを食べたい時は、旬の時期を訪れるのがベスト。とはいえ、なかなかそうもいかないのが現実なので、実際には旬の時期でないマンゴーでも、作り手たちの工夫により高レベルなスイーツを味わうことができるのでご安心を。

参考価格：Mango Lilikoi Pie ＄5.16〜。
MAP ▶ P.139 E 40 The Right Slice

ショートブレッド
Shortbread

王道以外にも、注目!

　必ず買うハワイグルメ系おみやげリストなるものがあれば、ベスト10に入るであろうハワイアンショートブレッド。ベースのショートブレッド生地には、マカダミアナッツやコナ・コーヒー、パイナップルなどのハワイ産食材を使用し、チョコレートがディップされていたりする。その食感と香ばしさ、チョコレートの甘みが口の中に広がる瞬間の歓びといったら！思い出すだけでも、口の中が潤ってくるようだ。

　王道のショートブレッドはマスト買いとしても、ショートブレッドの人気店「ビッグ・アイランド・キャンディーズ」でひっそりと売られている、地味ながらもローカル支持率の高いものがあるというので、そちらにも注目したい。バター風味の生地にパイナップルフィリングを詰め込んだ「パイナップルマンジュウ」と甘酸っぱい「リヒムイクッキー」だ。ハワイ島のローカルが愛するこれらのお菓子も、ぜひとも旅の話のおみやげに。

現地の人はこう食べる。

★ショートブレッドは特別なギフトに利用する人が多い。
★マンジュウやリヒムイクッキーはおやつ。

左／ローカルに人気のマンジュウは、ココナッツとパイナップル味がある。Pineapple Manju（＄9／8個）　中／工場併設の本店では、入るとすぐに試食サービスでお出迎え。　右／ハワイの人たちが親しんできた味が集まる「DA KINES」のリヒムイクッキーやチョコアラレ、イカチョコなども人気。Li Hing Mui Cookies（＄7／1袋）

― memo ―
ショートブレッドは、もともとスコットランド発祥の焼き菓子。名前の由来は「short」がサクサクとした食感を表し、「bread」はパンを意味し、バターをふんだんに使用したサクサク食感のため。なおハワイのショートブレッドは、ローカル産のマカダミアナッツをふんだんに使うものが多く、ハードな食感ではなく、ホロホロとしていて香ばしい生地が多い。パッケージデザインもハワイらしくておみやげとして、高い人気を誇る。

参考価格：Macadamia Nut Shortbread − Dipped Combo　＄21.50／3種各11枚入り。
MAP ▶ P.134　Ⓑ ❸　Big Island Candies

Chocolate
チョコレート

ハワイの刺激と甘美をご一緒に

　ハワイメイドのチョコレート。その響きだけでも魅惑的だが、口にすればその独特な味わいに惹き込まれるはず。特に、こちらのハワイアンシーソルトをアクセントにしたトリュフチョコレートは、塩味がかなりガツンとくるが、苦みを感じるダークチョコの中から甘いキャラメルが主張してくる。ハワイだからこそ味わえる奇跡の味。

現地の人はこう食べる。

★コーヒーと一緒にじっくりと味わう。
★特別な人へのギフトとして。

参考価格：Hawaiian Sea Salt Truffle、Toasted Coconut Truffle　＄2.50〜。
MAP ▶ P.139　D 37　Kauai Sweet Shoppe

— memo —
ハワイメイドのチョコレートは、レベルが上がってきている。お店により、ハワイ産や厳選地域のカカオ豆を使い分けていたり、カカオ豆の割合別にしたりしている。ハワイアンシーソルトやココナッツ、マカダミアナッツなどを用いて、ハワイみやげとしても注目。

左／ホームメイドのキャラメルは、ハワイアンシーソルト、リヒムイ、ココナッツなどのフレーバー。Caramel（＄5.99）　右／多くの商品がスタッフによる自家製だ。

Maui Pie
マウイ パイ

ファンも多い、マウイのパイ

その名の通り、マウイのお店で作られているパイ。チェリーやイチゴ、ラズベリー、マンゴーなどのフルーツパイと、バナナやココナッツ、チョコレートなどのクリームパイがある。もちろん、すべてお店の厨房で手作り。ほどよい甘さがいいとリピーターたちの間でも評判。ローカルにはチキン・ポット・パイなどの甘くないパイも人気。

現地の人はこう食べる。

★ホールで購入して、テイクアウトする。
★ホームパーティーなどの手みやげに。

参考価格：Fruit Pie　＄5.50〜／1カット、＄10.95〜／6インチホール。
MAP ▶ P.142　(H) 57　Maui Pie

--- memo ---
多くのお店では、フルーツパイはフレッシュフルーツをピューレ状にしたものを使用している。クリームパイはパイ生地にカスタードクリームとホイップクリームが2層になっていて、その上や中にフルーツが入っている。

出来立てパイが次々と並び、甘い香りが漂う店内。

モチ
Mochi

懐かしいけど、新鮮なモチ菓子

　ハワイにモチのお菓子があると聞いて実際に目にした時は日本との色の違いに驚いた。ブルーやピンク、イエローとあまりにもカラフル。気を取り直して小豆餡が入っていそうな紅白のモチを味わうと見事に予想を覆される。柔らかな求肥に甘酸っぱい梅風味餡や、ピーナッツバター入りの餡だった。見た目も中身もユニークなのだ。

現地の人はこう食べる。

★予約をしておいて、まとめ買い。
★お茶請けやホームパーティーの手みやげに。

参考価格：Mochi　90¢～。
MAP ▶ P.135　F 8　Two Ladies Kitchen

--- memo ---
日系人が多く暮らすハワイでは、たくさんの日本文化が受け継がれている。モチもそのひとつで、時間を経てハワイの食材や食文化を取り入れつつ、独自に変化してきた。この場合のハワイのモチとは、モチコ（餅粉）に糖分を加えて作る求肥。

左／店の奥に厨房があり、手前が売店。店内にモチ菓子を求めて訪れる客でいっぱい。　右／パック売りのモチ菓子もあるので、いろいろ試したい人におすすめ。イチゴなどのフルーツ入り大福も大人気。

Malasada
マラサダ

ふんわり甘いハワイの揚げパン

柔らかくもっちりとした生地に砂糖がまぶされた揚げ菓子、マラサダ。リリコイやマンゴー、カスタードなどのクリーム入りも人気。「テックス・ドライブ・イン」の四角いマラサダを、アッツアツのうちに頬張る。表面がサックリ、中はふんわりもちもち。甘いクリーム入りだが、生地が軽いのでいくつでも食べられる。

現地の人はこう食べる。

★おやつ感覚で食べる。
★まとめ買いして、手みやげにする。

参考価格：Malasada ＄1.20〜。
MAP ▶ P.137　T 28　Tex Drive Inn

--- memo ---
ハワイではローカルスイーツとして、すっかり定着したマラサダ。もともとはポルトガルの伝統的な揚げ菓子だった。ポルトガル系移民の子孫がハワイで売り出したことが始まりといわれるが現在では、さまざまなお店で販売されている。

左／テックス・ドライブ・インでは、曜日や時間によるが、ガラス越しにマラサダを作る姿も見ることができる。　右／マラサダ以外のフードも充実。常に行列が絶えない。

クッキー
Cookies

ハワイっぽくて、おいしい焼き菓子

ハワイのクッキーはコナコーヒーやマカダミアナッツ、グアバなどのハワイらしい素材を使ったものが多い。ハナペペに工場を持つ「カウアイ・クッキー」のものは特に有名。100％ハワイ産マカダミアナッツのみを使用し、ほんのり甘くサックリしていて素朴なお味がリピーターの心を掴んでいる。パッケージもオシャレ。

現地の人はこう食べる。

★きれいなパッケージはギフトにも活躍。

参考価格：Classic Duo Cookies ＄0.99／1oz。
MAP ▶ P.140 (H)45 Kauai Kookie

--- memo ---
日系人が創業した「カウアイ・クッキー」では、ハワイ産マカダミアナッツを100％使用。50年以上も愛されている。パンから手作りしているタロトースト（ラスク）やパパイヤシードドレッシングなどのアイテムも有名。

左／工場併設のハナペペ店のほか、カラヘオやポートアレンに店舗を持つ。
右／チョコディップ部分にフラガールがデザインされたキュートなクッキー。
Hawaiian Hula Kookie® Collection（＄12.95〜／7枚入り箱）

ハニー トースト
Honey Toast

食パンとハチミツの抜群コンビ

シェイブアイス店のハニートーストをご紹介。食パンにアイス、ホイップクリーム、キャラメルソース、ハチミツという罪深い（嬉しい）組み合わせ。見た目のボリュームが半端ないが、食べてみると意外と軽い。パンは定番スイート・ブレッドではなく、しっかりとした生地の日本風食パンを使用。ハチミツとバターが風味豊かな一品だ。

現地の人はこう食べる。

★ ラージ（2枚）サイズをシェアして食べる。
★ アイスとホイップを混ぜて食べる。

参考価格：Honey Toast　＄7〜。
MAP ▶ P.140　F 43　Uncle's Shave Ice

---

memo

ハニートーストは日本でも馴染みのある軽食。ハワイでも作り方はほぼ同様で、スイート・ブレッドや日本風食パンをトーストにしてアイス、ハチミツ、バター、ホイップ、キャラメルソースなどをのせる。

左／オーナーは、ハワイ産サトウキビを使った自家製のシロップにこだわる。　右／シェイブアイスには35種のフレーバー、5種のシュガーフリー。

リヒムイ
Li Hing Mui

ロコ溺愛の甘酸っぱいもの

ハワイ島には、90歳近くのおばあさんが一人で切り盛りする小さなお店がある。店内にはロコが子どもの頃から親しんできたというクラックシード（ローカルの駄菓子）が並ぶ。その中のひとつがリヒムイ。見た目はただの乾燥梅干し。だが、そのお味は甘くて酸っぱく、顔を歪めながらも食べたくなるような不思議な魅力がある。

現地の人はこう食べる。

★子どもからお年寄りまで愛するおやつ。
★スナック感覚でつまむ。

参考価格：Li Hing Mui　＄5～／1/4 lb。
MAP ▶ P.136　(P) 21　Doris' Place

--- memo ---
クラックシードとは、乾燥させた果実の駄菓子。リヒムイは干した梅にリーヒンパウダーをまぶしたもの。ちなみにリーヒンパウダーとは、梅や甘草などを原料とした粉で、ドライフルーツやマラサダ、アイスなどハワイではあらゆるものにまぶすほど愛されているもの。

左／日系人のドリスさんは90歳近い年齢でも休まずお店に立つ。　右／マンゴーやグアバなどのドライフルーツにもリーヒンパウダーが。

108

Donut
ドーナッツ

王道系ドーナッツも、変化球いろいろ

典型的なドーナッツだってローカルの心を捉え離さない。「ホーリー・ドーナッツ」では、オーナーが200近くのレシピを編み出し、日替わりで数種類の味を提供。すべて手作りというドーナッツは、ベーコンなどユニークな味をはじめ、ブルーベリーやリリコイ、レモンなど素材の味がしっかり感じられる定番グレーズも充実だ。

現地の人はこう食べる。

★コーヒーのお供として、おやつに食べる。
★朝食代わりに食べる人も。

参考価格：Donut ＄3.75〜。
MAP ▶ P.136 Ⓜ 18 Holy Donuts

— memo —
ドーナッツとマラサダの違いは、ドーナッツは小麦粉に砂糖、卵などを加え揚げたもので、マラサダはイーストで発酵させた生地を揚げたもの。ハワイのスーパーやベーカリーでは、山のように袋や箱に入ったカラフルなドーナッツが売られているほど親しまれている。

左／恵まれない子どもに無償でドーナッツを配る活動もするオーナー。
右／売り切れ次第にお店はクローズ。臨時休業もあるので要事前確認。

クリームパフ
Cream Puff

かるくてあま〜い、愛されスイーツ

　古ぼけた椅子とテーブルで、お年寄りたちが何かを食べながら談笑中。それがクリーム・パフだった。おすすめのココアパフをひとつ頬張る。素朴な見た目だが、ふんわり軽いシュー生地に、ずっしりするほどたっぷりとチョコレートクリームが詰まっている。ほどよい甘さで、懐かしい味わいは、自然とほっこりとした気分にさせる。

現地の人はこう食べる。

★おやつとして食べる。
★他島から来て、まとめ買いする人も。
★手みやげに利用。

参考価格：Cocoa Puff　$1.60。
MAP ▶ P.142　(F) 55　T. Komoda Store and Bakery

— memo —
クリーム・パフとは、いわゆる「シュークリーム」のこと。小さめのシュー生地に、チョコレートやカスタードなどのクリームがたっぷり詰まっている。上から粉砂糖やバタークリーム、シャンテリークリームなどがかけられる。

左／ご近所のリピーターも多いお店。マラサダやドーナッツも人気。　右／日系人の子孫たちが、代々、味を受け継いでいる人気のベーカリー。

111

ちょこっと休憩

ハワイ・メイドの調味料、いかが？

　ハワイみやげで、必ず買っていくのが、調味料。パッケージのかわいさや種類の豊富さもさることながら、その実力の高さがグルメな人たちに喜ばれるからだ。

　ちなみに、海に囲まれたハワイは、当然のように天然シーソルトが有名。白い塩もあるが、赤や黒の塩がおすすめ。赤い塩は、酸化鉄が豊富に含まれているカウアイ島の赤土に、海水を蒸発させてできた天然塩を加えたもの。黒い塩は、ココナッツの活性炭を加えたもの。いずれもミネラル豊富な自然の恵みだ。

　また、スーパーやレストランで見かけるドレッシングやマスタードも、メイド・イン・ハワイのものが多い。ローカル産のリリコイ（パッションフルーツ）やパパイヤ・シードを使ったものなど、フルーティーな味と香りがいい。

　肉や魚にまぶすだけで、本場のハワイ味が出来てしまうという魔法のようなシーズニングも忘れてはいけない。"ハワイの味"をおみやげにいかがだろうか。

カウアイ島は極上調味料の宝庫！

Kauai Kookie の Papaya Seed Dressing

Kauai Island

ハワイのレストランでもお馴染みのパパイヤ・シード・ドレッシング。パパイヤのほんのりとした甘さが魅力の南国サラダの必需品。
MAP ▶ P.140 (H) 45

Aloha Spice Company の
Sea Salt & Seasoning

左上／20時間以上スモークしたガーリックソルトや黒、赤、白のハワイの天然塩。　右上／ハワイの伝統的なルアウのBBQ、チキンやポーク向けのオーガニックのシーズニング。　右下／店員さんにおすすめスパイスを聞こう。

MAP ▶ P.139　D 38

Aunty Lilikoi の Passion Fruit Mango Butter,
Wasabi Dressing & Mustard

左上／マスタードのコンテストで受賞歴のある実力派のパッションフルーツのワサビドレッシングとワサビマスタード。パッションフルーツ・マンゴーバターは、爽やかな酸味の濃厚な味わい。　右上／工場併設のワイメアの店舗は、種類も揃う。　右下／ショップオリジナルのエコバッグも人気。

MAP ▶ P.140　I 47

113

ちょこっと休憩

コーヒー、いろいろ。

　ハワイのコーヒー産地といえば、ハワイ島の「コナ」が世界的に名を馳せている。上質な酸味と豊かな香りが特徴だ。しかしながら、近年では、ハワイ島では、カウ、ハマクア、ヒロなどでも、コーヒーが生産されている。さらに、生産量からすると全米1位を誇るのはカウアイ島のカラヘオ付近で生産されているカウアイ・コーヒー。また、マウイ島でもクラやカアナパリなどにもコーヒー農園がある。

　現在はハワイ諸島のさまざまな地域でコーヒーが栽培され、品質のよいものが次々と誕生している。そこで、いろいろな産地のコーヒー豆を集めてみたので、ご参考までに。

　味や風味などが異なるハワイ産コーヒーをいろいろ試してはいかがだろう。

The Island of Hawai'i

左／Hamakua ハワイ島北東部で生産されているハマクアコーヒーにも注目したい。　右／Kona／Kau ハワイ島を代表するコーヒー名産地のコナと、近年、話題のカウ。

Maui Island

左／Kahului 人気のコーヒーショップ「Maui Coffee Roasters」のマウイ産100％。　右／Lahaina 上質な豆で知られる「MauiGrown Coffee Co.Store」。

MauiGrown Coffee Co.Store　MAP ▶ P.141 Ⓐ 59

Kauai Island

左／Kalaheo 全米で最大規模のコーヒー豆生産量を誇る「Kauai Coffee Company」。
右／Kauai Coffee Company　MAP ▶ P.140 Ⓖ 44

上／ハワイ各地でコーヒー産業が盛んになり、ファームも増加。　下／産地で飲むコーヒーは格別。

冷たいもの

暑い日差し、うだるような潮風。南国リゾートではお馴染みの光景は、楽しいひとときを盛り上げる。とはいえやっぱり欲しくなる冷たいもの。ビーチ沿いや街歩きの途中で出合うひんやり系スイーツで、ちょっと一休みしませんか。

シェイブ アイス
Shave Ice

南国といえば、これ

　ある程度の規模の町ならば必ず見かけるアイススタンド専門店。付近では暑い日差しを避けながら、ハワイ版のかき氷、シェイブアイスでクールダウンする人たちの姿が。町歩きで疲れ、暑さにやられ、そんな時シェイブアイスに助けられたことが何度もある。甘いシロップに、キーンとするくらいに冷たくて、シャリシャリの食感がたまらない。

　カウアイ島のプランテーション時代を彷彿とさせる町・カパアにある、レストラン併設のアイススタンド。食べることと新しいメニューを生み出すことが大好きなオーナーが営んでいて、常に新作を登場させている。オーガニックにこだわり、ハワイ産シュガーケーンで作られているシロップ。そのなかでも、カウアイ島産のオーガニックジンジャーを使ったシロップのシェイブアイスが印象的。ほんのり甘くて、ほのかな刺激のやさしい味わい。あ、癒されるって、こういうことかも知れないと思いながら、食べ続ける。

現地の人はこう食べる。

★トッピングやシロップを自分好みにカスタマイズ。

左／パッションフルーツ、パイナップル、ココナッツ、マンゴーのシロップのコンビネーション。Kauai Sunrise（＄3.50〜）　中／マグノリアアイス、カスタードクリーム、ジェリー、フルーツ、ビーンズが入ったフィリピンデザート。Halo Halo（＄6）　右／オノ・ファミリーレストラン併設のオノ・オノ・シェイブアイス。

― memo ―

氷を削って、カラフルなシロップをかけて食べるスタイルが基本。ハワイのシェイブアイスというと、かつてはブルーやレッド、イエローなどの色彩豊かなレインボースタイルが主流だったが、最近ではヘルシーブームが定着し、オーガニック素材やローカル産のフレッシュフルーツなどのナチュラルな材料を使った自家製シロップを提供する店が増えている。もちろんカラフル系もあるが、色素も天然系を使うところが多い。

参考価格：Shave Ice　$ 3.50 〜。
MAP ▶ P.138　Ⓐ ㉚ Ono Family Restaurant

Pitaya Bowl
ピタヤ ボウル

注目度の高い、話題のフルーツ

　フォトジェニックだと評判のお店で注文したら、出てきたものはあまりのボリューム！ ピタヤスムージーと、味も色も濃厚なウベ（ヤムイモ）のアイスがのり、サイドにはバナナやイチゴがトッピング。フルーツだと水っぽい印象のピタヤだが、スムージーにすればほどよい甘みで味わいやすい。が、このボリュームはシェアするに限る。

現地の人はこう食べる。

★「SNS映え」するので撮影してから。
★朝ごはんやおやつとして。
★サプリ感覚で食べる。

― memo ―
ピタヤ（ドラゴンフルーツ）は栄養価の高さからスーパーフルーツと称される。ポリフェノールやアントシアニン、鉄分、カルシウム、食物繊維などが豊富。熟していないものだと水っぽい味がするが、熟すと次第に甘みが増す。追熟はしない。

参考価格：Smoothie Bowl　$12〜。
MAP ▶ P.134　Ⓓ ❺　Big Island Juice Co.

左／フィンランド出身のオーナーとお子さんのマカニちゃん。　右／オーダーはこちらから。お店の中と外にテーブルと椅子が用意されている。

バナナ スプリット
Banana Split

迷った時には、この「よくばりアイス盛り」を

参考価格：Banana Split ＄8。
MAP ▶ P.135 J 13 Big Island Sweet Treats

ハワイ島で出合ったバナナ・スプリットは、なんだか特別感がある。リンゴのような酸味と香りをもつアップルバナナをベースに、ココナッツ、コナ・コーヒー、マンゴー、パイナップルなど、ハワイメイドのアイスから3種類選ぶ。マカダミアナッツやクリーム、ココナッツシロップなどでデコレーションすれば、ハワイの味のオンパレードだ。

現地の人はこう食べる。

★おやつやデザートとして。
★トッピングやフルーツソースはとにかくいろいろかける。

アリイ・ガーデン・マーケットプレイスの一角にあるデザートスタンド。

--- memo ---
アメリカの昔ながらのアイスクリームデザート。縦に切ったバナナに3種類のアイスクリームをのせ、その上にクリームやナッツ、フルーツソースなどをかける。3種のアイスの定番はバニラ、チョコレート、ストロベリーと、日本人の私たちにも馴染みの顔。

ジェラート
Gelato

ジェラートも、やっぱりハワイ風

ローカルが絶賛する、ホームメイドのジェラートショップを訪れた。季節によりメニューは変わるが、この日はリリコイやココナッツを使ったものが人気というので、ダブルを注文。爽やかな酸味のリリコイは、フレッシュのものを使用しているため、プチプチとした種の食感が楽しい。もう一方はココナッツミルクの風味がまろやか。

現地の人はこう食べる。

★テイスティングして、お好みのものを選ぶ。

参考価格：Gelato　$5.25〜／Small。
MAP ▶ P.141　Ⓐ❹❽　Ono Gelato Company

— memo —
もともとイタリア発祥の乳脂肪分が少なめの冷たいスイーツで、フルーツやミルク、砂糖などを混ぜて凍らせたもの。ハワイのジェラートショップでは、ローカル産のココナッツやマンゴー、リリコイなどを使うことが多い。

左／旬のフルーツを使うジェラートが多いので、その日のおすすめを聞こう。
右／ショップがあるのは海からの潮風が心地いい絶好のロケーション。

オノ ポップス
Ono Pops

みんな大好き、アイスキャンディー

子どもから大人までが身近に親しむ「オノ・ポップス」には、ハワイの味がギュッと詰まっている。マンゴーやリリコイ、グアバなどの「フルーツ系」から、リーヒンやバターモチなどの「ハワイアンスイーツ系」までさまざま。オーガニックフルーツやローカル産のミルク、バニラ、ハワイアンシーソルトなど素材にこだわった逸品がそろう。

現地の人はこう食べる。

★ファーマーズ・マーケット巡りの時に。
★スーパーでボックス買いしておく。

参考価格：Ono Pops ＄4.55〜。
MAP ▶ P.139　D 37　Kauai Sweet Shoppe

--- memo ---
オノ・ポップスはパレタ（メキシコ生まれのアイスキャンディー）とハワイの素材を組み合わせて誕生した。カウアイ島とオアフ島のファーマーズ・マーケットをはじめ、スーパーやストアなどで販売。

カウアイ・スイート・ショップの一角にも、オノ・ポップスのコーナーがある。

123

アサイ ボウル
Açaí Bowl

サプリ感覚で、いただきます

　ブラジル発のアサイ・ボウルは、アサイをスムージーにして、フルーツやグラノーラなどを入れるスタイルが一般的。ビタミン豊富なパパイヤやストロベリーなどのフルーツと、ポリフェノールや鉄分などの栄養が詰まったアサイという最強タッグ。これを食べると、歩きつかれた身体にサプリをチャージした気分になれるだろう。

現地の人はこう食べる。

★サプリ感覚で食べる。
★朝ごはんやおやつとして。
★すべての具を混ぜ合わせる。

参考価格：Açaí Bowl　$11～。
MAP ▶ P.136　L 15　Basik Cafe

--- memo ---
アサイには、ポリフェノールや鉄分、食物繊維などが豊富に含まれ、その栄養価の高さから、食べるサプリとも。ハワイでは、アサイ・ボウルとして、アサイ・スムージーに話題のヘルシー食材を組み合わせることが多い。

ゴジベリー（クコの実）やビー・ポーレン（ハチが花粉を丸めたもの）など話題の食材も。

これでもっと楽しく！指さし英語

レストランなどでは、入店したらすぐに店員とのやり取りがスタート。英会話が苦手という人にとっては返答に困ってしまうことも。そこで、店内で使えそうなフレーズをいくつかご紹介。指さししたり、「　」に単語を当てはめながら、コミュニケーションをとってみよう。

····· 入店時やオーダー時に伝えたいこと ·····

Do you have a table for two?
（予約していないとき）2名ですが、入れますか？

How long do I have to wait?
（混雑しているとき）どのくらい待ちますか？

What is the recommended dish?
おすすめ料理は何ですか？

What kind of fish do you have?
どのようなお魚料理がありますか？

How big is one portion?
どのくらいの量ですか？

I'll have the same.
私も同じものをお願いします。

Excuse me. Please give me「　　」.
すみません。「　　」をください。

Please remove「　　」.
「　　」は抜いてください。

Please put a lot of「　　」.
「　　」を多めに入れてください。

We'd like to share this dish.
料理をシェアしたいのですが？

I'd like another one, please. / Can I have another one?
（ドリンクなどの）おかわりをお願いします。

····· オーダー時によく聞かれること ·····

For here or to go?
こちらで召し上がりますか、お持ち帰りですか？

For here / To go, please.
ここで食べます。 / 持ち帰りです。

How would you like your eggs?
卵はどういたしますか？

Scramble / Sunny side up / Omelette
スクランブルエッグで / 目玉焼きで / オムレツで。

What kind of dressing would you like?
ドレッシングの種類はどれにしますか？

How would you like your steak?
ステーキの焼き加減はいかがいたしましょうか？

Rare / Medium / Well done
レア／ミディアム／ウェルダン。

When would you like your tea?
紅茶はいつお持ちしますか？

After the meal / With the meal.
食後にお願いします。／食事と一緒に。

····· 料理が来てから伝えたいこと ·····

Can I have a small plate? / Can we have some extra plates?
取り分け用の小皿をください。

Can I have a box to go?
(残った料理を) 持ち帰り用の入れ物をください。

Check, please.
お勘定をお願いします。

知っておきたいハワイ語

ハワイのコミュニケーションは英語がほとんど。けれども、挨拶で使われたり、メニューや商品名などにもよく見かけるのが、「ハワイのことば」。意味を知っておくと、「なるほど！」と親しみを感じたり、現地の人たちとの距離が縮まったりするはず！

ハワイ語	読み方	意味
Aloha	アロハ	こんにちは、愛
Mahalo	マハロ	ありがとう
E Komo Mai	エ・コモ・マイ	ようこそ
Mai Kai	マイ・カイ	元気です
Pua	プア	花
Lau	ラウ	葉
Kai	カイ	海
Lani	ラニ	天国、空
Aina	アイナ	大地
Ohana	オハナ	家族
Pa'ina	パイナ	集まり、パーティー
Luau	ルアウ	ハワイ式の祝宴
Pupu	ププ	前菜
'Ono	オノ	おいしい
Nani	ナニ	美しい
Lei	レイ	花輪、花冠
Aloalo	アロアロ	ハイビスカス
Pikake	ピカケ	ジャスミン
Kalo	カロ	タロイモ
Haupia	ハウピア	ココナッツプディング
Koa	コア	コアの木
Lilikoi	リリコイ	パッションフルーツ
Melia	メリア	プルメリア
Loke	ロケ	バラ
Pama	パマ	ヤシの木

料理を掲載した店舗リスト

ハワイ諸島＆ハワイ島・カウアイ島・マウイ島全体マップ

旅をするには全体の位置関係や方向の把握が大切。まずは全体マップで場所をチェックしよう。なお、カウアイ島とマウイ島は主要エリアへのバスは比較的あるが、ハワイ島はバスの本数が少ないため、レンタカー移動が便利。

#	Name	#	Name	#	Name
1	Suisan Fish Market	21	Doris' Place	41	Red Salt
2	Kens House of Pancakes	22	Pine Tree Café	42	Living Foods Market
3	Big Island Candies	23	Matsuyama Market	43	Uncle's Shave Ice
4	Cafe100	24	Shiono	44	Kauai Coffee Company
5	Big Island Juice Co. (Makani's Magic Pineapple Shack)	25	Hawaiian Style Café	45	Kaua'i Kookie
6	OCEAN Sushi	26	Waimea Town Market	46	Kauai Granola
7	Puka Puka Kitchen	27	Village Burger	47	Aunty Lilikoi
8	Two Ladies Kitchen	28	Tex Drive Inn	48	Ono Gelato Company
9	Punalu'u Bake Shop	29	Pono Market	49	Old Lahaina Luau
10	Manago Hotel Restaurant	30	Ono Family Restaurant	50	Tasty Crust Restaurant
11	Teshima's Restaurant	31	Shrimp Station	51	Sam Sato's
12	TJ'S BBQ By The Beach	32	Fish Express	52	Tasaka Guri Guri
13	Big Island Sweet Treats	33	Tip Top Café	53	Whole Foods Market
14	Jackie Rey's Ohana Grill	34	Hamura's Saimin	54	Paia Fish Market Restaurant
15	Basik Cafe	35	Kōloa Rum	55	T.Komoda Store and Bakery
16	Frenchman's Café	36	Mahikō Lounge	56	Kihei Farmers Market
17	Big Island Grill	37	Kauai Sweet Shoppe	57	Maui Pie
18	Holy Donuts	38	Aloha Spice Company	58	Aunty Sandy's Banana Bread
19	Umekes Fishmarket Bar & Grill	39	Kukui Grove Center Monday Market	59	MauiGrown Coffee Co Store
20	Island Naturals Market	40	The Right Slice		

133

掲載店舗の詳細情報

【表記例】

マップ掲載番号
店名
ひとことメモ
住所
電話番号
営業時間
掲載料理
掲載ページ数

本書で掲載している料理を撮影させていただいたお店をご紹介。こちらのお店に行くのも、街歩きでふらりと見つけたお店を訪れるのもいいだろう。旅先で偶然見つけた現地の料理を楽しむことも、旅の醍醐味だ。

The Island of Hawai'i　ハワイ島

❶ Suisan Fish Market
マグロやサーモン、エビ、ホタテなどの新鮮な魚介類で作られたポケやププ（おつまみ）が充実。
93 Lihiwai St. Hilo
935-9349
8:00 〜 17:00、土曜〜 16:00　日曜定休
Poke Bowl　P.52

❷ Kens House of Pancakes
看板メニューのパンケーキは、生地もトッピングの種類も多い。ローカルフードメニューもレパートリーに富んでいる。
1730 Kamehameha Ave. Hilo
935-8711
24 時間　無休
Pancake　P.36

❸ Big Island Candies
ショートブレッドやブラウニー、ビスコッティなどが、おみやげに人気。ヒロに本店と工場を構える。
585 Hinano St. Hilo
935-8890
8:30 〜 17:00　無休
Macadamia Nut Shortbread, Li Hing Mui Cookies,
Pineapple Manju　P.100-101

❹ Cafe100
1946年創業の老舗。パテ、フィッシュ、ソーセージなど、20 種類のロコモコがある。
969 Kilauea Ave. Hilo
935-8683
6:45 〜 20:30、土曜〜 19:30
日曜、祝祭日休み
Loco Moco　P.48-49

❺ Big Island Juice Co. (Makani's Magic Pineapple Shack)
サンドイッチやスムージー、アサイ・ボウルなどが評判。ローカルメイドのアイスを使ったフラッペも。
54 Waianuenue Ave. Hilo　935-8454
9:00 〜 17:00、日曜 10:00 〜 16:00　祝祭日休み
Pitaya Bowl　P.120

❻ OCEAN Sushi
にぎり、ロール、稲荷、ちらしなどのお寿司が種類豊富。天ぷらや親子丼、うどんやそばなどの日本食も。
235 Keawe St. Hilo
961-6625
10:30 〜 14:00、17:00 〜 21:00　日曜、祝祭日休み
Roll Sushi, Gyoza　P.54-55

❼ Puka Puka Kitchen
シーフードやチキン・カツなどのプレート・ランチやサンドイッチが評判。テイクアウトできるベントーはローカルの人たちに支持率高い。
270 Kamehameha Ave. Hilo　933-2121
月〜土曜 11:00 〜 14:30、火〜土曜 17:30 〜 20:30　日曜、祝祭日休み
Seafood Plate　P.87

8 Two Ladies Kitchen
日系人が営むハワイ風和菓子店。定番の餡入りのほか、リリコイやチョコ入りなどのカラフルなモチ（大福）が並ぶ。
274 Kilauea Ave. Hilo
961-4766
10:00 ～ 17:00　日曜、月曜、祝祭日休み
Mochi　P.104

9 Punalu'u Bake Shop
ドライブ・イン感覚で利用する人も多いベーカリー。ローカルの人たちの日常食であるスイート・ブレッドやマラサダが特に好評。
HI-11, Naalehu
366-3501
9:00 ～ 17:00　祝祭日休み
Sweet Bread, Malasada　P.20-21

10 Manago Hotel Restaurant
1917年創業のホテル＆レストラン。ポーク・チョップが名物。ランチ＆ディナーにはメインのほかに、おかず3品とごはんが付いてくる。
82-6155 Mamalahoa Hwy. Captain Cook
323-2642
7:00 ～ 9:00、11:00 ～ 14:00、17:00 ～ 19:30　祝祭日休み
Pork Chop, Opelu　P.14-15

11 Teshima's Restaurant
ロコたちに愛される和食とハワイ料理の老舗。特にすき焼きや天ぷらはリピーターに支持。定食や日替わりランチもある。
79-7251 Mamalahoa Hwy. Kealakekua
322-9140
6:30 ～ 13:45、17:00 ～ 21:00　祝祭日休み
Omelette Fried Rice　P.56-57

12 TJ'S BBQ By The Beach
リブやバーガーなど、アメリカンなグルメを味わえるフードスタンド。オリジナルBBQソースが評判。
Ali'i Gardens Marketplace, 75-6129 Alii Dr. Kailua-Kona
308-1815
10:30 ～ 17:00　日曜、月曜、祝祭日休み
BBQ Baby Back Ribs　P.84

13 Big Island Sweet Treats
ジュースやアイスクリーム、シェイブアイスなどを販売するスタンド。昔ながらのケトル・コーンを、ハワイ風にアレンジしたものも話題。
Ali'i Gardens Marketplace, 75-6129 Alii Dr. Kailua-Kona
324-9379
10:00 ～ 17:00　月曜、祝祭日休み
Banana Split　P.121

14 Jackie Rey's Ohana Grill
洗練されたアメリカンダイナー。厳選素材を使ったシーフードやボリューム満点の肉料理がいただける。
75-5995 Kuakini Hwy. Kailua-Kona
327-0209
11:00 ～ 21:00、土・日曜 17:00 ～ 21:00　祝祭日休み
Ribeye Steak, Ahi Poke Tower　P.80-81

⑮ Basik Cafe

アサイ・ボウルとスムージーを扱うスタンド。植物性ミルクを使っているため、ヴィーガンにも支持されている。
75-5831 Kahakai Rd.
Kailua-Kona　238-0184
8:00 ～ 15:00、日曜 9:00 ～ 15:00　祝祭日休み
Açaí Bowl　P.124

⑯ Frenchman's Café

フランス人夫婦が営むお店。高級ホテルでシェフをしていたご主人が腕を振るう。クレープやクロック・ムッシュなど、本場の味が好評。
Kona Marketplace,75-5729 Ali'i Dr. Kailua-Kona
365-2671
月・木・金曜 7:00 ～ 13:15、土・日曜 ～ 11:00　火・水曜、祝祭日休み
Crepe, Croque Madame　P.28-29

⑰ Big Island Grill

ローカルに親しまれているファミレス的なお店。ロコモコやオムレツ、パンケーキ、サンドイッチ、ステーキなど幅広いメニューが揃う。
75-5702 Kuakini Hwy. Kailua-Kona
326-1153
7:00 ～ 20:45、日曜 ～ 11:30　祝祭日休み
Chicken Katsu　P.90-91

⑱ Holy Donuts

オリジナリティ溢れるドーナッツ店。ベリーやリリコイなどのグレーズやクリームがたっぷりかかった色彩豊かなドーナッツが特徴的。
Kona Marketplace,75-5729 Ali'i Dr. Kailua-Kona
756-8777
7:00 ～ 17:00（売り切れたら閉店）日曜、祝祭日休み
Donut　P.109

⑲ Umekes Fishmarket Bar & Grill

ローカルフードレストラン。「From Boat to Bowl」というだけあり、新鮮な海の幸を使った料理を味わえる。
74-5563 Kaiwi St. Kailua-Kona
238-0571
11:00 ～ 21:00、日曜 ～ 17:00　祝祭日休み
Fried Kulolo　P.70、Furikake Chicken, Poke Bowl　P.85

⑳ Island Naturals Market

自然派フードや健康食品、コスメなどを扱うスーパー。ハワイ島特産の食品やコーヒー、ビール、ワインなども豊富。デリコーナーも設置。
74-5487 Kaiwi St. Kailua-Kona
326-1122
7:30 ～ 20:00、日曜 9:00 ～ 19:00　祝祭日休み
Hamakua Coffee、 Kona Coffee、 Kau Coffee 、 Wine、Pancake Mix、 Beer (Big Island Brewhaus)、(Kona Brewing)
P.40-42

㉑ Doris' Place

日用品やドリンク、缶詰などが並ぶ小さなジェネラルストア。クラックシードと呼ばれるドライフルーツもウリ。
77-6108 Mamalahoa Hwy.
Holualoa　324-4761
8:00 ～ 18:00　無休
Li Hing Mui　P.108

㉒ Pine Tree Café

ローカルフードのお店。スパイシー・ガーリック・チキンがロコに一番人気。スパム・ムスビは、在住日本人やリピーターの間でおいしいと評判。
73-4038 Hulikoa Dr. Kailua-Kona
327-1234
6:00 ～ 20:00、日曜 6:30 ～ 20:00　祝祭日休み
SPAM Musubi　P.51、Spicy Garlic Chicken、Bread Cake　P.88-89

㉓ Matsuyama Market

コナ国際空港近くにあるグロサリー。お総菜やお弁当をはじめ、輸入食材や菓子、ドリンク類など、小規模ながらも充実の品揃え。
73-4040 Hulikoa Dr. Kailua-Kona
329-9559
5:00 ～ 20:00　無休
Spicy Ahi Bomb　P.50

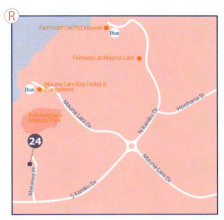

28 Tex Drive Inn

1969年創業のホノカアにあるドライブ・イン。マラサダが有名だが、ロコモコやチリ、バーガー、サンドイッチなどの食事メニューも充実。
45-690 Pakalana St. Honokaa
775-0598
6:00～20:00　無休
Malasada　P.105

24 Shiono

ハワイ島近海で獲れた新鮮な海の幸を使った寿司が人気。そばやうどん、天ぷらなども味わえる。
68-1050 Makaiwa Pl. Waimea
881-1111
11:30～21:00（L.O20:30）　無休
Abalone, Sashimi　P. 25

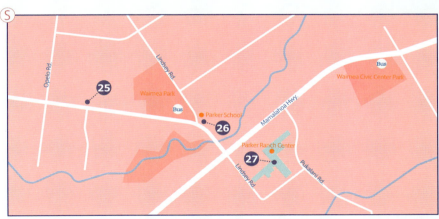

25 Hawaiian Style Café

「ベスト・ブレックファースト」を受賞したレストラン。朝食とランチのみの営業だが、客足が途絶えない超人気店。
65-1290 Kawaihae Rd. Waimea
885-4295
7:00～13:30、日曜～12:00　祝祭日休み
Pancake　P.36-37

27 Village Burger

ハワイ島のコハラにあるカフア牧場のビーフや近海産アヒ、ハマクア産マッシュルームを使ったバーガーなどを販売。
67-1185 Mamalahoa Hwy. Waimea
885-7319
10:30～20:00、日曜～18:00　祝祭日休み
Burger　P.86

26 Waimea Town Market
（Tabaraka、Lemonlicious Waimea、Hawaii Tart Company、Kekela Farms、Sandwich Isle Bread Company）

ワイメアタウンで開催されているファーマーズ・マーケット。新鮮な野菜や果物、パン、スイーツ、ドリンク類など、約40店舗が軒を連ねる。
Parker School ,65-1224 Lindsey Rd. Waimea
なし
土曜 7:30～12:00　月～金曜、日曜休み
Falafel Plate（TABARAKA）,Lemonade（LEMONLICIOUS WAIMEA）,Honey Caramel Macnut Tart（HAWAII TART COMPANY）, KEKELA FARMS, Lilikoi Bar、Caramel Nut Bar、Cinnamon Roll（SANDWICH ISLE BREAD COMPANY）
P.58-60

Kauai Island カウアイ島

Ⓐ

㉙ Pono Market
フレッシュなローカル産シーフードを使ったポケがおすすめ。伝統的なカルア・ポークやラウラウなども。
4-1300 Kuhio Hwy. Kapaa
822-4581
6:00～16:00　日曜、祝祭日休み
Kalua Pork/Pig　P.64-65、
Poke　P.66-67、Lomi Lomi Salmon、Baked Manju　P.68、
Poi　P.69、Laulau　P.71

㉚ Ono Family Restaurant
ハワイ流ファミリーレストラン。パンケーキやオムレツなどをはじめ、バーガーやサンドイッチ類も多彩。朝食とランチのみの営業。
4-1292 Kuhio Hwy. Kapaa
822-1710
7:00～14:00　祝祭日休み
French Toast　P.34、Omelets　P.35、Shave Ice、Halo Halo　P.118-119

Ⓑ

㉛ Shrimp Station
エビ料理専門店。ハワイの「ベスト・スペシャリティ・シュリンプ」を受賞。ガーリックの風味豊かなゴッド・ガーリックが人気。
4-985 Kuhio Hwy. Kapaa
821-0192
11:00～20:30　祝祭日休み
Got Garlic、Coconut Shrimp　P.19

㉜ Fish Express
新鮮な魚を使ったロコフードのテイクアウト店。ポケ・ボウルは、ポケ、サイド、ライスなどをセレクトできる。
3343 Kuhio Hwy #3. Lihue
245-9918
10:00～17:00　日曜定休
Furikake Crusted Ahi　P.83

㉝ Tip Top Café
1916年創業のホテル併設のハワイアンフードレストラン。特にオックステールスープは、ローカル絶賛。
3173 Akahi St. Lihue
245-2333
6:30～13:45　月曜定休
Oxtail Soup、Our famous Pancakes、Loco Moco With Fried Rice　P.16-17

㉞ Hamura's Saimin
ハワイで名の知られたサイミンのお店。ロコたちは、慣れ親しんだこの味を求めてやってくる。サイドメニューにも注目。
2956 Kress St. Lihue
245-3271
10:00～22:30、金・土曜～0:00、日曜～21:30　祝祭日休み
Saimin、BBQ Beef Sticks、Fried Noodles、Lilikoi Chiffon Pie　P.46-47

138

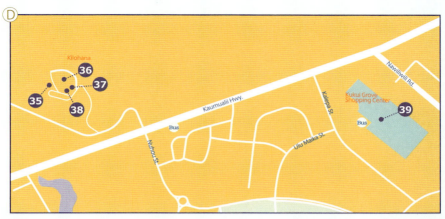

35 Kōloa Rum
カウアイ島産のラム酒メーカーが営むお店。深みのあるラム酒は、数々の国際的なコンクールで受賞。
Kilohana, 3-2087 Kaumualii Hwy. Lihue
246-8900
月・水・土曜 10:00～17:00、火・金曜～21:00、木曜～18:30、日曜～15:00　祝祭日休み
Koloa Rum　P.92-93

36 Mahikō Lounge
ゲイローズ・レストランに併設されているバーラウンジ。コロア・ラムを使ったカクテルを味わえる。
Kilohana, 3-2087 Kaumualii Hwy. Lihue
245-9593
11:00～22:00、日曜 9:00～15:00　祝祭日休み
Koloa Rum Mojito、Koloa Rum Mai Tai　P.94-95

37 Kauai Sweet Shoppe
地元産の食材を使ったホームメイドチョコレートやキャラメルを販売。オノ・ポップ・アイスも扱っている。
Kilohana, 3-2087 Kaumualii Hwy. Lihue
245-8458
月・水・土・日曜 10:30～18:00、火・木・金曜～19:00　祝祭日休み
Chocolate　P.102、Ono Pop Ice　P.123

38 Aloha Spice Company
ハワイアンシーソルトやオリジナルのシーズニングを販売。ハナペペやキロハナなどに店舗があるが、スーパーでも手に入るものもある。
Kilohana, 3-2087 Kaumualii Hwy. Lihue
246-0910
10:00～18:00、日曜 9:00～18:00　祝祭日休み
Seasoning　P.112-113

39 Kukui Grove Shopping Center Monday Market
ショッピングモール内で開催のファーマーズ・マーケット。新鮮な野菜やフルーツが手に入る。
Kukui Grove Shopping Center, 3-2600 Kaumualii Hwy #1400. Lihue
245-7784
月曜 12:00～15:00　火～日曜定休
P.58-60

40 The Right Slice
マンゴーやリリコイを使ったパイが有名。店舗も構えているが、ファーマーズ・マーケットへの出店も欠かさない。
2-2459 Kaumualii Hwy. Kalaheo
212-5798
11:00～18:00、金曜～20:00　日曜、祝祭日休み
Mango Lilikoi Pie　P.98-99

㊺ Kauai Kookie

1965年創業。マカダミアナッツやコナ・コーヒーなどのハワイ産の素材を使ったクッキーは幅広い世代に愛される。ドレッシングも有名。
1-3529 Kaumualii Hwy. Hanapepe
335-5003
8:00～17:00　土・日曜、祝祭日休み
Cookies　P.106、Papaya Seed Dressing　P.112-113

㊶ Red Salt

ホテル内にあるレストラン。朝食はビュッフェのほか、アラカルトも用意。地元産の食材を使った洗練された料理が供される。
Ko'a Kea Hotel & Resort ,2251 Poipu Rd. Koloa
231-4535
6:30～11:00、17:30～21:00　無休
Soufflé Pancake　P.30-31、Egg Benedict　P.32

㊷ Living Foods Market

野菜や肉類、魚などの生鮮食品をはじめ、ワインやハワイ産の食材が揃う。ベーカリーやカフェを併設。
Shops At Kukuiula ,2829 Ala kalanikaumaka 24. Koloa
742-2323
7:00～21:00　無休
Monkeypod Jam、Gourmet Sea Salt、Macadamia Mix、Coconut Candy P.40-42

㊸ Uncle's Shave Ice

バナナやココナッツ、リリコイなどの自家製シロップを使ったシェイブアイスのスタンド。雪のような食感のシェイブ・スノウやハニートーストなどのメニューも。
Shops At Kukuiula , 2829 Ala Kalanikaumaka St. Koloa
742-2364
11:00～21:00　無休
Honey Toast、Shave Ice　P.107

㊻ Kaua'i Granola

自家製グラノーラのお店。リリコイやグアバ、カウアイ・コーヒーなどの素材を使ったオリジナルフレーバーが楽しめる。
9633 Kaumualii Hwy. Waimea
338-0121
10:00～17:00　日曜、祝祭日休み
Granola　P.38-39

㊼ Aunty Lilikoi

マスタード、バター、ドレッシング、フルーツソースなどを製造販売。世界規模のマスタードコンテストでグランドチャンピオンを獲得。
9875 Waimea Rd. Waimea
545-4564
10:00～18:00　祝祭日休み
Passion Fruit Mango Butter、Passion Fruit Wasabi Mustard、Passion Fruit Wasabi Dressing　P.112-113

㊹ Kauai Coffee Company

全米最大規模を誇り、400万本以上のコーヒーを栽培。ビジターセンターではコーヒー豆の販売や試飲、ファームツアーなどを開催。
870 Halewili Rd. Kalaheo
545-8605
9:00～17:00　無休
Coffee　P.114

Maui Island　マウイ島

48 Ono Gelato Company
イタリア風の本格ジェラート店。コーヒーやマカダミアナッツなどハワイ素材を中心としたフレーバーが楽しめる。
815 Front St. Lahaina
495-0203
8:00～22:00　無休
Gelato　P.122

59 MauiGrown Coffee Co. Store
アラビカ種のティピカ、レッドカトゥアイ、イエロー・カトゥーラなどの品種を栽培しているカアナパリ農園のコーヒー豆を販売。試飲もできる。
277 Lahainaluna Rd. Lahaina
661-2728
6:30～17:00　日曜定休
Coffee　P.114-115

50 Tasty Crust Restaurant
ロコモコやサイミン、チキン・カツなど、ローカルグルメメニュー豊富なダイナー。バナナ・パンケーキも有名。
1770 Mill St. Wailuku
244-0845
6:00～22:00、金・土曜～23:00、月曜～15:00　祝祭日休み
Portuguese sausage、Mini Banana Pancake　P.33

51 Sam Sato's
サイミンやドライヌードル、チャウファンなどの麺類が有名。朝食とランチのみの営業。
1750 Wili Pa Loop. Wailuku
244-7124
7:00～14:00　日曜、祝祭日休み
Chow Fun P.53、Teriyaki　P.82

49 Old Lahaina Luau
「ルアウ」はハワイ語で祝宴。イム・セレモニーや伝統料理のビュッフェ、海を背景に繰り広げられるフラやポリネシアンダンスなど盛りだくさん。
1251 Front St. Lahaina
667-1998
10～2月 17:15～20:15、3～5月・9月 17:45～20:45、6～8月 18:15～21:15　12月25日休み
Luau P.72-73

52 Tasaka Guri Guri
シャーベットとアイスの中間のような独自の「グリグリ」。パイナップルとストロベリーの2種類のみだが、客足は途絶えない。
Maui Mall, 70 E Kaahumanu Ave # C13. Kahului
871-4513
9:00～18:00、日曜 10:00～16:00　祝祭日休み
Guri Guri　P.24

53 Whole Foods Market
ローカル産生鮮食品のほか、ハチミツやコーヒーなどおみやげ向け商品も多い。お総菜やポケコーナーもある。
Maui Mall, 70 E Kaahumanu Ave # B. Kahului
872-3310
7:00～21:00　無休
Maui Gold、Hula o Maui、Pau、Maui Brewing　P.40-42

141

54 Paia Fish Market Restaurant

ハワイ諸島沖で獲れた新鮮な魚を使った料理が自慢。パイア以外に、キヘイとラハイナにも店舗を構える。
100 Baldwin Ave.,Paia
579-8030
11:00 ～ 21:30　祝祭日休み
Fish & Chips　P. 78-79

57 Maui Pie

ショッピング・センターの一角にあるパイのお店。上質な素材で作られるフルーツパイやチキン入りポットパイが人気。
AZEKA Shopping Center,1280 S. Kihei Rd #101., Kihei
298-0473
10:00 ～ 20:00　日曜、祝祭日休み
Maui Pie　P.103

55 T. Komoda Store and Bakery

1916 年創業のベーカリー。スティック・ドーナッツやクリーム・パフなど、ロコに親しまれ、愛されている。
3674 Baldwin Ave., Makawao
572-7261
7:00 ～ 16:00、土曜～ 14:00　水・日曜、祝祭日休み
Stick Donut　P.22-23、Cream Puff　P.110

58 Aunty Sandy's Banana Bread

バナナケーキのお店。ビュースポットが点在するハナ・ハイウェイから、ケアナエ・ロードに入り、少し進んだ右手にたたずむ。
210 Keanae Rd.,Haiku
248-7448
9:00 ～ 14:30（売り切れ次第閉店）　祝祭日休み
Banana Bread　P.18

56 Kihei Farmers' Market

小規模なファーマーズ・マーケット。地元産の野菜や果物、コーヒー豆、ハチミツ、ジャムなどを販売。
61 S. Kihei Rd.,Kihei
875-0949
8:00 ～ 16:00　土・日曜、祝祭日休み
P.58-60

掲載したすべての情報は、2017 年 10 月、2018 年 2 月の取材時に基づいております。住所や電話番号、営業時間、定休日、料理の価格や内容、地図内のバス停などは、本の発行後に変更される可能性もございます。

- ○ 編集　　　　　　　　　　　　こにしなおこ
- ○ 撮影　　　　　　　　　　　　大塚七恵
- ○ 装丁・デザイン・マップ制作　　横田光隆
- ○ 現地コーディネート　　　　　　梅津美智留、三谷かおり

ハワイ島、カウアイ島、マウイ島でお世話になった皆様、友人、ハワイ好きの皆様、
ご協力いただいたすべての方々に、心からの感謝を込めて〜マハロ。

2018年4月のカウアイ島の豪雨による甚大なる被害、
そして、5月のハワイ島のキラウエア火山の噴火に対し、スタッフ一同、
心よりお見舞い申し上げます。1日も早く平穏な生活が訪れることを祈念しております。

<著者プロフィール>

フード＆トラベルライター。海外ガイドブック制作の編集プロダクション等を経て、フリーランスに。旅や食を中心とした企画・取材・執筆・編集を手掛けている。80冊を超える海外ガイドブックの取材や執筆に携わる。また、『旅とお茶の世界を楽しむ会〜 TRAVEL TEA SALON』を主宰。ハワイやイギリス、モロッコをはじめ、取材やプライベートで訪れた国や地域のティータイムや食文化を紹介。

地元っ子、旅のリピーターに聞きました。
ハワイ行ったらこれ食べよう！
ハワイ島・カウアイ島・マウイ島

NDC 290
2018年6月9日　発　行

編　者　　こにしなおこ
発行者　　小川雄一
発行所　　株式会社 誠文堂新光社
　　　　　〒113-0033　東京都文京区本郷 3-3-11
　　　　　[編集] 電話 03-5800-3616
　　　　　[販売] 電話 03-5800-5780
　　　　　http://www.seibundo-shinkosha.net/
印　刷　　株式会社 大熊整美堂
製　本　　和光堂 株式会社

©2018, Naoko Konishi.
Printed in Japan
検印省略
落丁、乱丁本は、お取り替えいたします。本書に掲載された記事の著作権は著者に帰属します。
これらを無断で使用し、展示・販売・レンタル・講習会等を行うことを禁じます。

本書のコピー、スキャン、デジタル化等の無断複製は、著作権法上での例外を除き、禁じられています。
本書を代行業者等の第三者に依頼してスキャンやデジタル化することは、
たとえ個人や家庭内での利用であっても、著作権法上認められません。

|JCOPY|　<(社)出版者著作権管理機構 委託出版物>
本書を無断で複製複写（コピー）することは、著作権法上での例外を除き、禁じられています。
本書をコピーされる場合は、そのつど事前に、（社）出版者著作権管理機構
（電話 03-3513-6969 ／ FAX 03-3513-6979 ／ e-mail:info@jcopy.or.jp）
の許諾を得てください。

ISBN978-4-416-51846-5